꿈의 여정

이 광 일 에세이

파란하늘

공감하는공간 22
꿈의 여정
ⓒ 이광일, 2024

지은이_ 이광일

발 행 인_ 이도훈
교   정_ 김미애
펴 낸 곳_ 파란하늘
초판발행_ 2024년 10월 9일

사무실_ 서울시 서초구 법원로3길 19, 2층 W109호
          (서초동, 양지원빌딩)
전   화_ 02) 595-4621
팩   스_ 0504-227-4621
이메일_ flyhun9@naver.com
홈페이지_ www.dohun.kr

ISBN_ 979-11-988681-1-4 03810
정가_ 16,000원

머리글

　내 인생의 수수께끼는 진정한 나의 고향을 찾는 여정이었습니다. 나는 만주 심양에서 장로 아버지, 권사 어머니 사이의 늦둥이로 태어났습니다. 고국으로 돌아와서는 6·25전쟁을 겪으며 제주도와 부산의 피난 시절을 거쳐 서울에서 학업을 마쳤습니다. 미국계 반도체 회사에 일터를 얻어 십여 년을 일하며, 아름다운 아내와 결혼하여 세 딸도 두게 되었습니다.

　나이 사십에는 큰 포부를 안고 브라질로 떠나 24년 동안 의류 시장판에서 뛰었습니다. 은퇴 후 자녀들이 자리 잡은 미국 남가주에서 손자들을 돌보며 함께 지내다 어느덧 팔순을 넘겼지만, 여전히 '꿈의 여정'을 걷고 있습니다.

　내 삶을 돌아보면 직선이 아닌 구불구불한 곡선이었습니다. 그럼에도 한 방향의 푯대를 향해 나아가고자 노력했습니다. 긴 세월 동안 힘겨운 일과 부끄러운 일도 많았지만, 무엇보다도 주님께서 내 평생을 함께해 주셨기에 감사의 마음을 드리지 않을 수 없습니다.

초등학교 시절부터 줄곧 써온 일기장에는 중국, 한국, 브라질, 미국의 다양한 문화 속에서 보고 듣고 경험한 여러 가지 이야기들이 담겨 있습니다. 이러한 이야기들을 부모님께 물려받은 신앙의 관점에서 풀어내어 자녀와 손주들에게 전하고 싶었지만, 글쓰기에 대한 자신감이 부족했습니다.

다행히 하늘의 은총으로 글박사 이윤홍 선생님을 만나 글의 기본을 깨우치고, 여류 소설가 김외숙 선생님의 가르침으로 글의 맛을 느끼게 되었습니다. 또한, 친한 글벗 연규호의 끊임없는 격려 덕분에 이 자리까지 올 수 있었습니다. 그러나 아직도 수필과 산문의 차이도 명확히 구분하지 못하는, 초보 글쟁이입니다.

무식한 자가 용감하다고 칠십 후반에 돋보기를 쓰고 독수리 타법으로 평소 가졌던 삶에 대한 단상을 써 보았습니다. 부족한 글이지만, 진솔하게 쓴 글이기에 가식과 위선 없이 쓰려고 노력했습니다. 우리의 삶은 만남에서 이뤄집니다. 저는 이 혼란하고 혼돈된 세상에서 노인이 쓴 이 작은 책 한 권을 만나 읽는 이들에게 평강을 전하는 도구가 되기를 바랄 뿐입니다.

이 책의 몇몇 개념과 표현은 나의 독창적인 것이 아닌 것도 있습니다. 오랜 기간 일기를 쓰며 여기저기서 수집한 참신한 글귀들을 인용하기도 했습니다. 출처를 밝히지 못하는 것은 이미 망각 속에 사라졌기 때문이지만 그 메시지만은 꼭 자녀와 손주에게 전달하고 싶습니다.

　글쓰기 시작부터 많은 격려와 조언을 아끼지 않은 남가주 사랑의교회 이성기 집사님과 이 책이 출판될 수 있도록 도와주신 모든 분께 감사드립니다. 그리고 책 집필을 위해 헌신해 준 사랑하는 아내, 사위들, 세 딸, 여덟 손주에게 깊은 감사를 전합니다.

　앞으로도 많은 분의 끊임없는 가르침과 이끌어 주심이 있기를 바랍니다.

2024년 10월

이 광 일

추천의 글

연 규 호

(소설가, 의사)

존경하는 이광일 장로 수필가, 드디어 그간 창작해 온 주옥같은 600여 작품에서 고심 끝에 80여 편을 선정하여 내게 보내주면서 몇 편을 더 솎아내 달라고 부탁했는데 어느 하나 버리기 힘들어 그대로 두었다. 그러나 책의 부피가 너무 커져 눈물을 머금고 10편을 솎아내는 고통을 감내해야 했음을 알린다.

이광일 수필가는 물리학을 전공한 과학도로, 기독교 가치관으로 살아온 신앙인이며, 사업도 해 봤다. 그래서 사회적 가치관도 남달랐고 여러 배경으로 수필을 쓰기 시작했다. 이성적인 관찰과 감성적인 사고를 갖고 지난 4년, 필자와 더불어 등단 작가들로 구성된 "미주문학아카데미"에서 문학 공부를 하며 그의 작품들은 혹독한 평가를 받았기에 완성도가 아주 높다. 치열한 창작 활동을 통해 그는 수필뿐만 아니라 콩트와 단편소설에서도 좋은 작품을 창작해 온 작가로 알려졌다.

이번에 발표되는 70여 편의 수필은 아카데미 회원들이 같이 읽고 퇴고한 완성된, 주옥같은 작품들이기에 더 큰 의미가 있으며 큰 반응을 기대한다.

이광일 수필가의 인생행로를 보면 조국을 잃고 만주 중국으로 떠다니던 아버지의 철저한 기독교 정신, 만주, 중국, 제주도 부산 등지에서 보낸 피란 시절 그리고 서울에서 정착하여 미션 스쿨의 교육, 대학 교육(물리학전공), 군 복무, 짧지 않은 세월을 미국 반도체 회사의 영업부문에 종사하다 40대 초반에 브라질 이민 길에 올랐다. 그곳에서 의류 사업을 일구었으나 남미의 경제 소용돌이에서 사상누각만을 쌓은 후, 미국으로 이주하여 정착, 자식들을 잘 교육하고 마침내 남가주 최대 교회인 "사랑의교회"에서 봉사하면서 얻은 그의 사회 경험은 글쓰기의 귀한 소재 및 주제가 된다. 이광일 수필가가 알고 있는 지식과 경험이 남다르게 깊고 알차기에 그의 수필 작품을 통해 얻는 지식과 정보 역시 알차다.

수필은 나의 개념을 내가 주인공이 되어 꾸밈없이 서술, 묘사하는 문학으로 한국수필 문단이 추구하는 "순수 수필"과 미국을 비롯한 영미권의 "에세이 문학", 철학과 사상을 추구하는 "명상, 명상록" 그리고 종교적인 "영적 수필"로 구분해 보면, 이광일 수필가의 수필 속에서 이 네 가지 수필 장르를 쉽게 찾아볼 수가 있다.

　이광일 수필가의 작품에는 진솔한 서술을 떠나 내면적인 감성과 묘사가 들어 있어 지식의 전달, 교훈을 떠나 문학적인 감동을 준다.

　이번 수필집은 1부 일화(逸話) _늘 찬송하면서, 2부 가정(家庭) _예수만 섬기는 우리 집, 3부 선교(宣敎) _보내 주소서, 4부 이민(移民) _아침과 저녁에 수고하여, 5부 신앙(信仰) _내 주를 가까이, 6부 여정(旅程) _멀리멀리 갔더니, 7부 일상(日常) _주님의 뜻을 이루소서로 구분한다. 수필에서 보듯이 이광일 수필가는 순수 문학적 수필은 물론 아버지를 이어받은 기독교 신앙 그리고 교회 생활에서 얻은 기독교 신앙과 믿음을 궁극의 배경으로, 그가 알고 있는 참지식을 수필 속에 꾸밈없이 진솔하고 겸손하게 쏟아부었기에 읽기가 좋고 쉽게 감동을 받게 된다.

이광일 수필가의 수필은 겸손하고 자세하게 그리고 가끔은 코믹하게 서술, 묘사하기도 한다. 수많은 수필집을 선물로 받아 읽어 보았으나 60년 친구의 수필은 수필을 한 단계 뛰어넘은 생생한 너와 나의 마음이 섞인 영혼의 수필이라고 생각되기에 감회가 새롭다. 그리고 감동과 지식을 전달하며, 영혼을 울리는 글들이기에 자랑스럽게 축하하며 여러 독자에게 주저함 없이 추천하며 일독을 권한다.

"친구란, 두 사람의 몸속에 깃든 하나의 영혼"이라고 아리스토텔레스가 한 말처럼 친구의 첫 수필집의 출간을 하나의 영혼으로 축하하며 그의 온 가족에게 축복을 올린다.

미주 소설가협회 회장 연규호

차례

1부 일화(逸話) _늘 찬송하면서
　Adios, Amigo, My Friends_14
　시간의 깊은 고요함_18 / 두 개의 창(窓)_21
　옛날의 금잔디 동산에_24 / 따로국밥_27
　닥터 봉의 일화_31 / 까옥까옥 까마귀_38
　클로버와의 싸움_41 / 지렁이의 외침_44
　은총의 눈_48 / 천생연분에 보리개떡_52
　빨간 보자기_63 / 무궁화꽃이 피었습니다_67
　여우와 아기 손_71 / 하필(何必)이면_77

2부 가정(家庭) _예수만 섬기는 우리 집
　나팡 마을 이야기_85 / 어버이날의 단상_89
　해마다 5월이 돌아오면_93
　국제공항의 커피 한 잔_96 / 나의 딸들아_99
　액자 속의 비전_102
　디지털 손주와 아날로그 할배_105
　사랑하는 맏사위 심영상 집사 장례식에서_109
　조사(弔詞)_110 / 절박했던 순간에서의 희망_113
　들국화 세대_116 / 한 해를 마무리하며_121
　마지막 사명_124 / 격세지감_127

3부 선교(宣敎) _보내 주소서
　직접 거두시는 하나님_133 / 땅끝에서_136
　가위바위보의 기적_142 / 삶에 가치 있는 것_145
　지혜를 품은 순결_149

4부 이민(移民) _아침과 저녁에 수고하여
　Paper Flower_155 / 내 마음의 고향_158
　주인이자 주인이 아닌 삶_162 / 축복의 통로_166
　깨진 벽돌 같은 삶_170 / 신앙과 전통의 충돌_173
　훼이조아다(Feijoada)와 슈하스코(Churrasco)_178
　착각은 자유라지만…_182

5부 신앙(信仰) _내 주를 가까이
　광명한 천사의 설법_189 / 브레이크 고장 난 불도저_194
　아골 골짝으로 가신 전도사님_198 / 윗집 아저씨_202
　믿음의 선율 '허사가(虛事歌)'_205 / 허사가(虛事歌)_207
　나팔 소리_210 / 이럴 수가_214
　두 가지 빵_217 / 무늬만 장로님_220
　살아계신 나의 하나님_223

6부 여정(旅程) _ 멀리멀리 갔더니
호랑이는 죽어서 가죽을 남기고_229
황금 부처님과 돌 예수님_233 / 참 아름다워라_237
지금까지 지내온 것_240 / 커피잔에 흐르는 세월의 노래_243
이 몸이 새라면_247 / 뉘우침의 노래_251
안타까운 마음의 매듭들_255 / 성공주의의 깃발_259

7부 일상(日常) _ 주님의 뜻을 이루소서
추억의 풍금 소리_265 / 범벅타령의 추억_269
삶의 쉼표와 마침표_273 / 가기도 잘도 간다 서쪽 나라로_276
도마뱀의 가르침_280 / 흰머리 등대지기들_283
외로운 심벌즈 연주자_286 / 거미와 인간_289
핑퐁 핑퐁_293 / 뒷동산의 할미꽃, 가시 돋은 할미꽃_296
인간 속의 터마이트_300 / 비밀의 정원 (Secret Garden)_303
인감도장_307 / 어둠 속의 현대 서사_310

1부

일화(逸話) _늘 찬송하면서

Adios, Amigo, My Friends

친구가 보내준 카톡 글과 배경 음악으로 은은히 울려 퍼지는 Jim Reeves의 「Adios Amigo, My Friends」가 내 마음을 적신다. 창밖으로 멀리 보이는 연초록의 야산을 바라보며, 젊은 날 사귀었던 수많은 친구, 그들과 나누었던 우정의 추억이 아련하게 떠오른다. 이미 지나간 친구들이 내게 남긴 가장 큰 선물은 그들과 함께 한 기억들이다.

눈 덮인 아현동 고갯길에서 우리가 급조한 썰매를 타며, 군고구마를 나눠 먹던, 올망졸망 초등학교 시절의 마을 친구들. 검은 교복에 교모를 눌러쓰고 「노란 샤스 입은 사나이」를 흥얼거리며 탁구장을 누비던 청소년 시절, 흑백 TV 앞에 둘러앉아 프로레슬러 장영철과 실업 여자농구 선수 박신자에 열광하던 그때의 우리 옛 친구들.

젊음이 넘쳐났던 사각모 시절, 한 손엔 전공서, 다른 손엔 군사독재 반대 전단을 말아 들고 포장마차를 돌아다니며 결론 없는 입씨름으로 밤을 지새우고, 패기 넘치던 이지적 친구들이 그립다. 그런가 하면 갈월동 태양당제과점과 남영동 메아리다방을 문턱이 닳도록 드나들며 얼굴 예쁜 여자 친구들과 정담을 나누던 순수한 시절.

가을바람 솔솔 부는 날엔 클래식 감상실 르네상스에서, 봄바람 살랑일 때는 쎄씨봉이나 디쉐네, 홀에 죽치고 앉아 안개처럼 자욱한 담배 연기와 귀 찢어질 듯 강렬하게 흘러넘치는 팝송 속에서 들이켠 알코올 잔을 후회하던 순진하고 소박한 아멘 친구들.

눈 내리던 겨울날, 마포에서 함께 자란 친구들과 논산훈련소에 입소해 M1 소총 들고 눈벌판 위를 함께 뒹굴던 훈련병들. 공휴일이면 부대 입구 양편 도로에 줄지어 선 돌덩이 머리통에 흰 페인트칠하며 고참들 눈치 속에 온갖 잡일을 분담하던 화랑 담배 전우들. 부산역에 배치받아 흰 바가지 눌러쓰고 하루에도 수천의 휴가 장병들을 관리 통제하며 동고동락하던 늠름한 모습의 백 바가지 소대원들.

사회 첫 직장 반도체 생산공장에서 함께 실무 교육받던 입사 동기들과 강산이 변하도록 함께 일하던 회사 내 각 부서의 산뜻한 넥타이 상하 동료들.

브라질 땅에서 이민의 길을 잡아주고 헌신적으로 보살펴 준 사장님들, 레바논 내전에서 무작정 빠져나왔다는 콧수염 노점상 Q, 현지 초등교사 M, 피자집 주인 G 등 서로 아낌없는 정을 나누었던 남미 친구들.

다시는 돌아올 수 없는 젊은 날의 로맨스와 추억이 아련한 슬픔을 안겨준다. 이 순간 나는 그 시절을 회상하는 것이 아니라, 그 시절로 돌아가고 싶은 갈망에 휩싸이는 자신을 발견한다. 누군가의 따스한 보살핌 속에 지냈던 어린 시절이나 건강하고 건실하여 무한한 가능성을 품었던 젊은 시절을 되찾고 싶기 때문이다.

검붉은 벽돌색은 스러져가는 화톳불의 빛깔이다. 한 줌의 뜨거운 재가 되면 뜨겁던 불의 추억이 그리울 뿐이다. 순수했던 어린 시절의 추억들을 되새기면 저절로 웃음이 나오지만, 잠시 후엔 눈가가 젖어온다.

해 저물고 어둠이 깔리는데 옛 친구들의 모습이 떠오르며 그리움이 밀려온다. 구름 따라 흐르는 그리운 얼굴들은 추억만 남긴 채 사라진다.

지난날 친구들과의 추억은 꿈같이 아름답다. 하지만 움켜쥔 손가락 사이로 모래알이 빠져나가듯 모두 흘러나갔고, 마지막 몇 알의 모래알 같은 친구들의 부고장이 카톡을 통해 날아온다.

함석헌 선생님의 「친구」라는 시구가 떠올라 마음이 울컥한다.

만릿길 나서는 길, 처자를 내맡기며 맘 놓고 갈 만한 사람, 그런 사람을 그대는 가졌는가?

탔던 배 꺼지는 시간 구명대 서로 사양하며 '너만은
제발 살아다오'라고 할,
그런 사람을 그대는 가졌는가?

시의 구절 뒤에 숨어있는, 세상에서 찾기 힘든 친구들을 꿈속에서 찾아 헤매다가, 새아침 어머님이 남기신 손때 묻은 낡은 성경책이 눈에 들어왔다. 내가 세상에서 찾아내지 못한 진정한 친구들이 색 바랜 성경의 가죽 표지 책갈피의 일점일획 안에 숨어서 나를 기다리고 있었다.

시간의 깊은 고요함

시계는 언제나 현재를 가리키지만, 시간은 영원의 삶을 속삭인다. 옛사람들은 해시계, 물시계, 모래시계 등 자연을 이용하여 시간을 측정했다. 후대는 태엽을 감아 하루를 살게 하는 톱니 장치의 시계를 오랫동안 사용해 왔다. 그러나 요즘은 전자식 쿼츠 시계가 개발되어 정확한 시간을 저렴한 가격에 알려주는 시대에 살고 있다.

반세기 전, 형님들이 대학에 합격하는 날이면 아버지는 값비싼 손목시계를 선물로 주셨고, 그 전통이 막내인 나까지 변함이 없이 이어졌다. 그 시절, 손목시계는 한국에서 생산하기 어려워 어떤 메이커든 상관없이 자랑스럽게 차고 다녔다. 손목시계는 음식점이나 술집에서 보증수표와 같은 몸값을 가지던 시절이었다. 내 책상 서랍 구석에서 낮잠 자던 검은 자개 상자를 열어보았다. 인감도장 등 골동품 사이에서 아버님이 젊은 시절 아끼시던 색 바랜 회중시계와 줄 끊어진 나의 약혼 시계가 반겨준다.

조선 말기에 태어나셔서 성장하신 아버지는 회색 양복을 즐기셨고 그 조끼 주머니에 매달린 회중시계를 친구들은 부러워했다고 하셨다.

그 옆에 누워있는 둔탁한 스테인리스 덩이가 나의 약혼 시계이다. 시계처럼 부지런하고 절도 있게 살자는 약속으로 나는 브로바 시계를, 그녀는 라도 시계를 서로 예물로 주고받았다.

지금은 우리 집 막내둥이 손녀의 팔뚝에도 핑크색 디즈니 시계가 번쩍인다. 아직 시간은 고사하고 숫자도 못 읽는 녀석의 팔뚝에서도 아무런 거리낌 없이 매달려 친절히 숫자로 시간을 알려주는 디지털 시계를 물끄러미 들여다보니 삶의 속도와 무게가 새삼 두려워진다.

시계가 인간에게 시간을 알려주지만, 시간 속에는 시계가 표시하고 있는 것보다 더 깊은 의미와 뜻을 담고 있다. 손목에 휘감긴 그 작은 시계는 얼마나 많은 순간을 품고 있는가를 헤아려 보았다.

치열한 생존경쟁의 싸움터에서, 풀기 힘들었던 인간관계의 매듭에서, 육신의 고통에서, 흐르는 시간은 모두 해결해 주었다. 한창 젊고 건강했던 시절 친구들과 정신없이 어울리던 즐거움도, 그들과 이별하던 아쉬움도 그리고 애틋한 사랑으로 서로 눈을 맞추던 가장 아름다운 핑크색 순간들도, 모두 시간이 품고 있다.

그래서 인간은 행복을 알려주는 시계를 차고 행복을 느끼는 시간 속에서 살고 싶어 한다. 지난날 나는 시계만을 보물로 여기고 시간은 헐값으로 여긴 때가 있었다. 이제 백발은 성성해지고 기력이 쇠해짐에 따라 고장 난 시계처럼 버림받지 않으려면 시계보다는 시간의 가르침을 깨달아야 할 때가 되었나 보다.

우리의 삶은 모래시계를 닮았는지 모래 한 알 한 알이 모여 시간을 형성하며 사라진다. 그러나 젊은 시절엔 이 모래가 답답할 정도로 천천히 밑으로 흘러내렸지만, 날이 갈수록 그 속도는 점점 빨라지고 있다.

우리는 누구나 할 수 있으면 이 땅에서 오래오래 살기를 원한다. 그러나 시간은 하늘이 내려준 귀중한 선물이었고 시계의 마지막 모래알이 떨어지는 날 하늘은 우리들의 지난 삶을 평가하실 것이다.

그때 중요한 것은 우리가 얼마나 오랜 시간을 살았는지가 아니라, 어떻게 살았는가이다. 모래알의 흐름이 끝나기 전에 남아 있는 순간을 감사하며 내 인생의 모래시계는 지금 몇 시인지, 모래알은 얼마나 남았는지 그리고 남은 시간이 내게 원하는 일은 무엇인지 곰곰이 생각해 보고 있다.

두 개의 창(窓)

인간은 눈과 마음, 두 개의 창(窓)을 두고 있다.

눈이라는 구체적인 형태의 창을 통해 바깥의 사물과 타인을 내다보지만, 눈의 창은 일방적이며 만족함이 없고 나이가 들수록 어둡고 쇠하여진다. 반면, 마음의 창은 사물과 사실의 본질이나 숨은 의미를 읽는 추상적인 도구로 연륜이 깊어질수록 명철하고 밝아진다.

반세기 전, 대학가의 잦은 데모로 몇 개월씩 학업이 중단되던 때가 있었다. 그때마다 지방 친구를 따라 농촌으로 내려가 시골 생활을 해보았다. 양지바른 언덕배기 본채 옆 우측 헛간을 개조한 야트막한 행랑채가 친구의 독방이었다. 키 낮은 문, 두세 평 정도의 방, 뒷벽을 다듬잇돌 크기로 뚫어 창틀 없이 살대를 엮고 창호지를 바른 봉창으로 아침이면 햇살이 밝게 들어왔다.

우리는 창호지의 중간을 손바닥만큼 도려내고 셀로판지를 붙여 이를 통해 길섶의 민들레, 꼬마들의 장난질, 빨래터를 오가는 이웃 처녀들, 몰려다니며 헐떡이는 강아지들, 몸보다도 큰 지게 짐을 진 영감님을 볼 수 있었다. 꼭 봐야 할 일도 없으면서 보이는 것은 다 흥미로웠고 더 많은 것을 보고 싶은 호기심이 넘치던 나이였다.

세월이 흐르고 전자통신 분야가 상상을 초월한 빠른 속도로 발전하면서 우리 눈이 보는 대상은 많이 바뀌었다. 손바닥만 한 유리창의 화면을 통하여 별의별 정보와 기능이 끝없이 연출되는 요술 상자 '스마트폰'이 우리 삶을 주도하는 시대를 맞았다.

남녀노소를 막론하고 아침에 눈 뜨면서 시작해 잠자리에 드는 시간까지 손바닥만 한 검은 창에 이끌려 살고 있다. 우리의 눈이 가장 많이 보는 것은 '스마트폰'을 통한 각종 정보다. 신문, TV, 컴퓨터를 총망라한 '스마트폰'을 통해 지구촌에서 일어나는 일들을 실시간으로 보는 일은 습관이 되어버렸다.

사실 눈의 창은 보여주는 대로 받아들이므로 지극히 일방적이다. 결국, 기기가 일방적으로 쏟아놓은 정보만 따르다 보니 인간의 창의적 사고력이 축소되면서 차츰 기기의 노예화가 되어가고 이를 보는 눈의 창은 피로하여 쉬이 쇠하여지게 된다.

눈이란 창의 기능이 쇠할수록 사물의 본질 또는 그 이면의 의미를 읽도록 하는 마음의 창을 밝혀야 한다. 그것은 생각으로 사고의 영역을 확장하는 일이고 마음이라는 창을 통해 구체적인 사물 너머의 속성을 읽는 일이다. 결국, 바라보는 사람이 마음의 창을 맑게 닦았을 때만 가능하다.

나이가 들어가고 보는 눈이 흐려질 때는 마음의 창을 활짝 열어보자. 그러면 시력으로는 볼 수 없는 사물의 이면이 나타나기 시작하고 눈의 창으로는 안 보이던 것들이 마음의 창에 비치게 된다. 이웃을 보아도 나타난 겉모습보다 그분의 심정을 읽으며 내 마음을 표현할 때 진정한 교감을 이룬다. 연륜이 깊어져 갈수록 겨우내 죽은 듯 벗은 나무를 보아도 겨울나무 가지 속에서 흐르는 수액의 소리를 듣게 되고, 곧 터져 나올 움이 보이고, 연록의 잎과 봄꽃을 마음의 창으로 보며 봄을 맞이하게 된다.

그것은 사람이 지닌 두 개의 창을 넓히는 일이요, 곧 마음의 창을 잘 닦을 때 가능한 일이다. 마음의 창을 한껏 열어젖히고 그간 손안의 스마트폰으로 피로해진 눈을 들어 진실과 소망까지 보기 위해 먼저 푸른 하늘과 흰 구름을 바라보아야겠다. 흐린 눈으로는 결코 볼 수 없었던, 푸른 하늘 너머 저편에 계신 분의 황금빛 광채라도 뵈어야겠다.

옛날의 금잔디 동산에

　초등학교에 입학한 지 석 달 남짓 되던 6월 말, 전쟁이 터져 온 가족이 피난길에 올랐다. 우리는 남쪽 끝 제주도까지 내려가 조용한 갯마을에서 다시 삶을 시작했다. 그곳에서 나는 다시 초등학교에 입학했고, 몇 해 동안을 그곳에서 살았다. 작은 마을에서는 피난민들과 섬사람들이 서로 다른 이해관계로 충돌하기도 했지만, 그 시절은 나에게 새로운 경험과 추억을 안겨주었다.
　학교에서는 담임선생님이 교실 앞뒤에 칠판을 하나씩 붙여두고 앞뒤로 옮겨 다니시며 두 학년을 동시에 가르치셨다. 그때는 교실 수업보다 갯가에 나가 뛰는 시간이 더 많았던 기억이 난다.
　갯가가 처음이었던 나에게는 물속 바위틈에서 옆으로 기어다니는 납작게, 손가락 길이의 횟감 자리 물고기, 대합조개와 우렁이, 말미잘 등은 처음 보는 것들이었다. 특히 내 곁에서 그림자처럼 붙어 다니며 그것들을 잡아주고 갯 사정을 알려주던 내 짝 영실이는 잊을 수 없다. 우리는 말없이도 눈빛만으로 서로의 마음이 통했다.

반세기가 훌쩍 지나, 우리 부부는 그곳을 다시 찾았다. 너무나도 변해버린 모습에 놀라움을 금치 못했다. 길섶의 바랭이도, 한 줄로 소를 앞세워 소몰이하던 형들도, 말매미 울음소리도 모두 사라져 버렸다. 산허리에 깊이 파묻혀 있던 초등학교는 말끔한 노란색 이층 건물로 새로 단장되었고, 주변 산등성이는 황금빛 과일들이 주렁주렁 매달린 금싸라기 감귤밭으로 변해 있었다. 옛 장터에는 슈퍼마켓이 들어섰고, 우체국 터에는 은행이, 반듯한 신작로 변에는 즐비한 위락시설들이 서로 아름다운 건축물을 자랑하고 있었다. 변하지 않은 것은 오로지 신작로 건너 일렁이는 흰 파도와 검은 바위들 그리고 미역 냄새나는 진남색 바다뿐이었다. 그리고 내가 하교 시간마다 시커먼 고구마 범벅을 사먹던 학교 앞 구멍가게는 여전히 나를 반겼다.

이제는 제법 번듯한 시설에 문구와 음료수 그리고 생필품까지 갖춘 흠할 데 없는 잡화상으로 변모했지만, 그 추억의 장소는 여전히 따스했다. 우리는 가게 앞 비치파라솔 아래 앉아 냉커피를 마시며 하늘을 나는 갈매기들을 바라보았다. 옛 시절을 회상하니 그 감정이 더욱 절절하게 다가왔다.

천천히 언덕을 내려가다, 깔끔한 도로변에 줄지어 있는 기념품 가게 중 하나가 눈에 들어왔다. 초등학교 이름을 상호로 내건 가게였다. 문을 열고 들어가니, 먹치마에 회색 털 스웨터를 걸친 뚱뚱한 몸매의 할머니가 손님들에게 상품을 선전하고 있었다.

금테 돋보기와 손가락에 낀 황금 쌍가락지, 묘한 육감에 자세히 보니, 옛날 내 짝꿍 고영실이 틀림없었다. 구석에서는 남편으로 보이는 영감님이 종업원들과 함께 상품을 포장하느라 분주했다.

가슴이 두근거리는 마음으로 한 발짝씩 다가가, 떨리는 목소리로 조심스럽게 물었다. "저… 실례지만 초등학교 시절 내 짝이던 영실이가 아니유?"

그 소리를 들은 할머니는 돋보기를 추켜올리며 한참 나를 살펴보더니, 얼굴에 가벼운 파도가 일렁였다. 그리고 고개를 저으며 말했다.

"내 이름 영실이는 맞쑤다. 근디, 내 짝 깡이는 대머리 할아방도 아니고, 틀니도 아니고, 돋보기는 더더구나 아닌, 당차고 똘똘한 어린이호국단 3소대장이었엄씨게. 발 빠르고 책임감 있었는디, 너무 늦게 왔쑤다, 그럼 잘 살펴 가 보수꽈……."

그때 흰 갈매기 한 쌍이 우리 머리 위를 끼억끼억 구슬픈 소리를 지르며 빙글빙글 돌다가 저 멀리 푸른 남쪽 바다 위로 훨훨 날아갔다.

따로국밥

중보 기도팀, 김 권사님의 외동딸은 상냥하고 영리하고 예뻤다. 해맑고 갸름한 얼굴에, 마음씨 착하고, 게다가 믿음이 돈독하여 교회와 이웃에서 인기를 독차지했다. 학교 성적은 말할 것도 없고 품행이 단정하여 친지들로부터 "부잣집 맏며느릿감"이라는 별명이 붙여졌다. 고교생이 되어서는 뭇 남학생들 선망의 대상이 되었다. 그 소녀도 기분이 나쁘지 않아 눈을 살포시 아래로 깔고 다녔지. 도리어 마음 한구석에서부터 우러나오는 콧노래를 주체치 못하여 흥얼거리며 즐겁게 살았다.

그 소녀는 "부잣집 맏며느리"란 별명이 그대로 이루어져 많은 사람을 거느리며, 가난한 사람들을 돌보는 격조 높은 부자의 삶을 살아보리라 결심했다. 그리고 그날부터 무릎을 꿇고 하늘에 기도를 시작했어. 하늘이여, 이 계집종에게 기왕이면 "부잣집 막내며느리가 되게… 이뤄주소서." 하루도 빠짐없이 하늘에 간절한 기도를 올렸다.

그 후, 그녀는 아이비칼리지에 입학했고 "부잣집 막내며느리"의 품위를 위해 그 흔한 미팅도 사양하고 오로지 기도와 심신의 수련을 게을리 하지 않았다.

졸업과 동시 주임 교수님의 추천으로 "산 호세"의 한국 M그룹 비서실로 일터를 얻게 되어 또 한 번 하늘이 내리시는 기도의 응답에 깊은 감사를 올렸다. 재벌의 반열에 들어선 기분이었다. 업무 분야별로 여러 명의 비서가 있었지만, 그녀는 타고난 미모와 명석한 두뇌로 쌓인 업무들을 한 치의 오차도 없이 깔끔하게 잘 처리하여 그 일터에 없어서는 안 될 사람으로 자리를 굳혔고 인기도 만점이었다.

그러나 그녀는 차츰 근심에 잠겼다. 우리 회장님의 아들들은 모두 결혼한 것 같고, 서로 치열하게 경쟁하는 타 그룹 CEO들의 가족관계는 베일에 가려져 있어 신랑감을 찾기가 쉽지 않았다. 더욱 마음을 무겁게 하는 점은 상류층의 삶은 평범한 사람들이 넘보기에는 너무 높은 담장으로 가로막힌 "언덕 위의 하얀 집"이란 것이었다.

그 무렵 희망의 속삭임이 그녀의 귓전을 두들기기 시작했다. 그 그룹에서 윗사람들의 칭찬을 가장 많이 받으며 일하는 하버드 출신 무역팀장의 끈질긴 클릭으로 둘은 함께 오페라 감상, 소문난 식당 순회, 커플티 입고 야구 농구 응원…, 그 둘은 새록새록 깊은 정에 깊이 물들었다.

이제는 몸도 마음도 헤어날 수 없는 사이가 되어 뻐근하게 양가의 상견례와 약혼식을 치르고 결혼 날짜도 정했다. 만약 회장님이 결혼 주례를 맡아 주신다면 알 굵은 축의금도 많이 들어올 것이고 또 예식이 얼마나 훌륭하고 품위 있을까? 그래, 내일은 만사 제쳐놓고 회장님께 부탁드려 보자. 회장님은 늘 바쁘시지만 나를 각별히 인정해 주시니 허락해 주실 거야.

이튿날 회장님이 조용히 쉬고 있을 때 똑똑똑 회장실 문을 두드렸다.

"들어와요. 오라, 예쁜이! 마침 잘 들어왔군. 어느 부서의 결재를 받으러 왔는지는 모르지만 조용한 이 시간, 먼저 나와 우리 가족의 중대사에 관하여 의논하고 싶으니 거기 좀 앉아요. 노인네의 반말 버릇은 용서하고 내 말 좀 잘 들어줘요.

나는 평소 너를 볼 때마다 마음 깊은 곳에서 오는 평안과 안정을 느껴왔어. 너의 미모와 지혜 그리고 직언은 우리 그룹에 항상 큰 활력소가 되어 왔단다. 너도 눈치로 알겠지만 나는 항상 너의 판단력을 높이 평가했고 너는 하늘이 돕는 사람인 것을 직감했지.

어느 날인가부터 나와 내 아내는 너를 내 식구 만들기로 마음을 정했고 그 후 너를 볼 때마다 더욱 사랑스러웠어. 그간 바쁜 일들로 너와 깊은 대화를 못 나누고 오늘이야 이렇게 당돌하게 말하는 늙은이를 이해해줘.

나에게는 업계에 알려지지 않은 막내아들이 있단다. 요즈음 말로 늦깎둥이라고들 말하지. 나는 막내를 비밀리에 스위스 제

네바로 조기 유학시켜 비즈니스를 전공케 했고 지금은 뉴욕 월가에서 경험을 쌓고 있어. 이제 두 달만 있으면 돌아오게 되고 우리 계획은 자네와 내 막내를 결혼시키고 이 그룹을 일찍 너희들에게 인계하여 한없이 확장되는 아름다운 미래를 보고 싶단다.

내 막내둥이 그 녀석, 정말로 잘생긴 젠틀맨이다. 미남이고 훤칠한 키에 5개 국어를 유창하게 말하고 외롭다고 열심히 교회 출석하더니 이제는 출장 나가 만날 때마다 주제넘게 성경 말씀을 내게 가르치려 든단다. 허, 녀석이 몹시 보고 싶구나, 그 녀석 참….

그간 너에 관한 이야기를 여러 번 막내에게 전했더니 부모님 마음에 들고 신앙 깊은 미녀인 네가 너무 마음에 끌린다고 너를 빨리 만나보고 싶어서 안달이지. 나는 가슴이 터질 만큼 행복하단다. 막내를 대신하여 내가 지금 네게 프러포즈하는 것이니 꼭 받아 주기를 바란다. 그리고 조만간에 우리 부부는 자네 부모님과 식사를 함께 나누며 인사드리고 싶네. 스케줄 좀 잡아 줄 수 있겠니? 아내는 네게 빨리 얘기하라고 매일 조르지만 바쁘다 보니 오늘에야 네게 전달하게 되는구나."

그때 그녀의 두 눈에서는 형용할 수 없는 의미의 뜨거운 눈물이 주르르, 주르르, 하염없이 흘러내렸다. 점심때 국과 밥을 서로 다른 그릇에 담아주는 "따로국밥"을 먹은 기억이 "기도 따로"와 "행동 따로"처럼 머릿속에서 어른거리기 시작했다.

닥터 봉의 일화

올해 들어 대박 터지는 일만 생기는 닥터 봉은 세상 사는 즐거움에 흠뻑 빠졌다. 두 아들이 차려준 금혼식 파티 날, 한국 최고의 문학상을 받았고, 그 상금으로 부부는 5일간의 남미 크루즈를 무사히 마친 후 지친 몸으로 어젯밤 돌아왔다. 잠이 보약이라기에 여독을 풀기 위해 온종일 잠으로 보내고 초저녁에야 일어난 부부는 마을 중심가의 맛집 '황소 BBQ'에서 거나한 식사를 즐겼다.

석양이 뉘엿뉘엿 마을을 황금색으로 물들일 때 둘은 오랜만에 손을 꼭 잡고 천천히 걸어 마을 끝자락의 커피숍으로 향했다. 커피잔을 감싸 쥔 손바닥으로 전해오는 따끈한 '프렌치 바닐라'의 열기와 부드러운 향을 음미하는데 마음이 달짝지근 들뜨기 시작했다.

"여보, 꿈같은 50년을 참고 나랑 살아주어 고맙소."

마주 앉은 아내의 손을 꼭 쥐며 닥터 봉이 말했다.

"원 새삼스럽게 별말을 다 해요."

살짝 눈을 흘기며 응대하는 아내 표정이 꽤 섹시했다. '생각하는 뇌'가 과속인지 닥터 봉의 눈에는 오늘따라 아내가 막 피어나는 분홍빛 장미처럼 곱다. 50년 전 처음 만났던 그때도 수줍음 타던 아내의 발그레한 볼이 꼭 입을 다문 한 송이 장미꽃 봉오리 같았었다.

커피숍 뒤뜰, 아담한 정원엔 여러 빛깔의 장미가 흐드러지게 피어있었다. 장미 향인지 아내의 향인지 뜰은 향기로 은은했다. 향에 취해 갑자기 야릇한 전율을 느낀 닥터 봉은 와락 아내를 껴안았다. 그리고 키스를 퍼부었다. 깜짝 놀란 아내가 남사스럽다며 몸을 뒤틀더니 못 이긴 척 닥터 봉에게 입술을 맡겼다.

황금빛 석양 아래 둘이서 손을 꼭 잡은 채 마을의 산책길로 들어섰다. 마을이 내려다보이는 언덕 위에는 아름드리 상수리나무가 있고 그 아래에는 백 년 전에 이 마을을 조성한 서양 할배 "니콜라스"옹을 청동으로 머리에서 가슴까지의 상이 돌로 만들어 세운 빗돌 위에 놓여 있다. 이 흉상 앞에 서서 정성껏 노래를 부르면 소원 성취된다던 히스패닉 복덕방 호세 영감의 귀띔이 떠올랐다. 둘은 흉상 앞에 나란히 섰다.

40년 전, 부부는 손을 꼭 맞잡고 이곳에서 「Oh give me a home where the buffalo roam」을 이중창으로 불렀더니 다음 날, 이 '오렌지' 마을에서 원하던 주택을 저렴한 가격에 얻게 되었던 기억이 난다.

"여보, 우리 옛적에 부른 그 노래 또 한 번 불러보자."

쑥스러웠지만 둘은 또 한 번 「Home on the range」를 불렀다. 한참 감회에 젖은 부부가 점점 어두워져 가는 하늘을 바라보며 집으로 가려고 할 때였다. 돌비석 뒤의 상수리나무를 돌아 나오려는데 나무 밑동과 흙 사이에서 뭔가를 억지로 묻은 듯 불룩한 것이 발에 챘다. 닥터 봉이 구둣발로 슬슬 비벼보니 그것은 깔끔한 자루 속에 담긴 작은 수박 크기의 뭉치였다. 호기심이 발동한 부부가 자루의 아귀 끈을 풀고 그 속을 들여다보던 순간 악! 하고 동시에 뒤로 나자빠졌다. 그 속에는 황금 가락지, 열쇠, 목걸이, 팔찌, 거북이, 황소 등 금공예 보물이 가득했고 자루의 무게도 만만치 않았다.

둘은 가슴이 벌렁벌렁 뛰고 식은땀이 흐르기 시작했다.

"어서 집으로 갑시다."

닥터 봉은 말과 동시에 자루를 어깨에 짊어졌다. 돌아오자마자 자루를 건네받은 아내는 벽장 속 깊숙이 황금 자루를 숨겼다.

어린 시절부터, 교회에 다닌 닥터 봉의 가슴에는 황금 덩이를 얹은 듯 편치 않았다. 가슴이 무거우니 차츰 마음마저 괴로워지며 손발이 사시나무 떨듯 떨려오기 시작했다.

"여보, 아무래도 황금 자루는 돌려줘야 할 것 같아."

"주인도 없는데 누구에게 돌려줘요?, 먼저 본 자가 임자예요."

아내가 안 보이던 억지를 부리고 있었다. 그러니까 아내는 돌려주고 싶은 마음이 전혀 없는 것 같았다.

뜬눈으로 밤을 지새우며 입씨름했으나 해가 돋을 때까지도 결론을 내리지 못했다. 분명 뭔가 잘못하고 있는 것 같긴 한데, 실은 닥터 봉도 굴러온 복을 포기하고 싶지는 않았다. 부부는 충혈된 눈과 지치고 고단한 마음으로 TV를 켜놓고 토스트 한쪽과 블랙커피로 아침 요기를 하고 있었다.

"어젯밤 '오렌지 다운타운'의 '흑진주 보석상'이 검은 복면의 세 청년에 의해 털렸습니다. 진열장을 부수고 백만 불 상당의 금세공품을 탈취하여 도주하던 범인들을 경찰은 끈질기게 추격하여 한 명은 힘겹게 체포했으나 두 명은 뒤쫓고 있고, 급한 순간 땅에 묻었다는 금품은 아직 수거하지 못했다고 합니다."

Breaking News 시간의 앵커우먼의 코멘트였다. 마른 빵을 씹다 말고 닥터 봉과 아내가 서로 마주 보았다. 닥터 봉은 아내의 눈에 공포가 서려 있음을 알 수 있었다.

다음 날, 강력수사팀 요원들이 닥터 봉이 살고 있는 '오렌지' 마을 맨 윗집부터 차례로 방문하는 탐문 수사가 시작되었다.

닥터 봉의 집 차례가 되었다.

"May I come in?"

매섭게 번쩍이는 눈빛만으로도 충분히 주눅 들게 하는 잠바 차림의 강력반 형사 두 사람이었다.

"에, 혹시 어제저녁에 황금보따리를 본 적이 있나요?"

현기증과 함께 닥터 봉의 손과 발에 작은 경련이 일어났다. 어젯밤의 모든 일을 자백하지 않고는 제명에 못 죽을 것 같았다.

"아 그거요? 우리 마누라가 벽장 한구석에 감췄어요"

떨리는 목소리로 간신히 털어놓고 말았다.

"수사관 아저씨들! 저 양반의 말을 곧이듣지 마세요, 치매기가 심해요"

잔뜩 겁먹고 있던 아내가 태연하게 말했다.

"내가 치매라고?"

아내의 깜찍한 거짓말에 닥터 봉이 바락 대들었다.

"아, 부부싸움은 나중에 하시고 부인은 잠깐 저 방에 들어가 계세요."

형사들이 어떤 낌새를 알아차렸는지 식탁 의자를 끌어다 닥터 봉과 함께 삼각으로 앉았다.

형사의 말에 아내가 마지못해 나가며 닥터 봉을 향해 레이저를 쏘았다. 허튼소리 하지 말라는 의미였다. 그러거나 말거나 멀쩡한 사람을 치매라니, 아내가 괘씸하기 짝이 없었다.

"자! 영감님, 천천히 차근차근 자초지종을 말해보세요."

"아, 어젯밤 내가, 에, 에…. 내가 말이요, 그러니까 어젯밤…."

아내가 괘씸해서라도 자초지종을 말할 작정이었다.

"내가 우리 마누라와 커피숍 뒷마당에서 마누라가 싫다는데, 진하게 키스를 했고요, 또 언덕공원 알아요? 그곳에 가서 마누라 손목을 잡고「Home on the range」를 불렀는데요, 글쎄 오래전에 죽은 히스패닉 영감이 그 무덤 주변에서 노래하면 대박이 터진다고 해서…."

"Let's get out! 더는 치매 영감 말을 들어봐야 시간 낭비다."

이때 선임이 벌떡 일어나면서 동료의 팔을 끌었다.

"어, 할 말 덜 했는데요? 이거 진짠데요?"

현관을 나서는 그들을 따라가면서 닥터 봉이 주절주절 말했다. 수사관들이 탄 자동차는 이미 저만치 달아나고 있었다.

"거봐요, 우리가 임자랬잖아요."

속도 모르는 아내의 얼굴이 벙글어진 장미 송이 같았다. 화를 낼 수도 안 낼 수도 없는 닥터 봉의 눈앞에도 황금 덩이가 어른거렸다.

"오렌지 시티의 도심 '흑진주 보석상'의 세 강도는 모두 체포되었습니다."

다음 날에도 보석상 도난사건에 대한 Breaking News가 있었다. 생각보다 강도가 일찍 잡힌 것에 닥터 봉은 신경이 쓰였지만, 걱정할 것은 없었다. 경찰이 자신을 치매 환자로 보는 한 안전할 것이라 믿었다. 어차피 낙인이 찍힌 몸, 다음 조사 땐 정말 치매 환자 노릇을 제대로 해내야겠다고 마음 단단히 작정했다. 괘씸하긴 했지만, 아내의 임기응변 덕이었다.

앵커의 멘트는 계속되었다.

"그들이 훔친 금붙이는 모두가 모조품으로 판명되었습니다. 보석상 주인의 진술에 의하면 빈번한 강도 사건을 피하려고 진열장 안에는 모조품 금붙이들로만 디스플레이했다고 합니다."

"뭐야, 모조리 모조품?"

"말도 안 돼!"

머릿속에서 번쩍 번갯불이 스친 듯 얼굴이 화끈거렸다. 거북하고 민망하여 아내조차 바라볼 수가 없었다.

"어떡해? 당신을 치매라고까지 했는데…."

아내도 차마 바로 바라보지 못하고 얼굴을 붉혔다. 그런데 그 경황에 아내가 예뻤다. 이상하게 아내가 얼굴을 붉힐 때가 더 관능적으로 보였다. 이 난감한 경황에 차마 와락 끌어안지는 못하고 비시시 웃었다. 비어져 나오던 웃음은 마침내 '허허허' 하고 면목 없이 허탈한 웃음으로 변했다.

"치매가 따로 있나, 엉뚱한 짓 하면 치매지."

혼잣말로 중얼거렸다. 한바탕 한여름 밤의 꿈이었다.

까옥까옥 까마귀

내가 어렸을 때, 까치는 기쁘고 반가운 소식을 전하고, 까마귀는 언짢고 불길한 운수를 물어다 준다는 영감님들의 말씀이었지만, 서울에 살면서 까치나 까마귀를 마주치는 일이 쉽지 않았다.

회사의 업무로 잠시 일본 도쿄에 체류하는 동안 아침저녁으로 숙소 부근까지 날아와 설쳐대는 까마귀 떼를 보면서 일본은 까마귀들 때문에 운수대통하는 일이 일어나지 않을 거라는 부질없는 생각을 했던 기억이 난다.

브라질에서 짧지 않은 세월을 보내는 동안엔 까마귀를 보지 못했기에 까마귀라는 날짐승은 기억 속에서 흐려졌다. 미국 땅으로 올라와 캘리포니아에 살면서 온종일 손끝에 맞닿을 듯 날아다니는 까마귀들과 마주하다 보니 재수 없다던 생각보다는 반갑고 귀여워 보이기도 하며 그들의 날갯짓이 내 마음을 사로잡는다.

까마귀에 무관심했을 때는 울음소리에 기분도 상하고, 부리부터 꽁지까지 새까만 몸매가 흉측했지만, 양지쪽에서 자세히 바라보니 그냥 검은 게 아니다. 검은 바탕에 엷은 자줏빛이나 연한 녹색의 반짝임은 신비로움을 자아낸다. 큰 나무 꼭대기나 지붕 용마루에 걸터앉아 허스키 목소리로 까옥까옥 우렁차게 소리할 때는 천상의 호령 같고, 새까만 턱시도를 입은 무대 위의 성악가처럼 제법 그럴듯하여 까마귀를 보는 시각이 변하게 되었다.

삼국시대 고구려에서는 다리 셋 달린 까마귀 삼족오를 우러러 공경했고 견우와 직녀가 만나는 날에는 까마귀와 까치가 함께 다리를 놓아주었다는 정감이 어린 전설도 있다. 성서에서, 대홍수 때 노아 영감님이 물이 얼마나 빠졌는지 알아보기 위해 새 중에서 가장 영리하다는 큰 까마귀를 제일 먼저 방주 밖으로 날려 보냈다. 하나님은 큰 까마귀를 이용하여 아합왕에게 쫓겨 도망치던 선지자 엘리야에게 먹을 음식물을 공수했다. 하나님은 위대하신 능력을 나타내기 위하여 큰 까마귀를 사용하신 중요한 사례이며 우리는 어떠한 상황에서도 그분의 축복과 돌봄을 경험할 수 있다.

어느 날인가 마을 공터를 지나다 보니 까마귀들이 쓰레기 더미를 헤집고 먹잇감을 찾아 비닐봉지들을 찢어 주위를 어지럽히는가 하면 작당을 하고 동료를 공격해서 쫓아내는 일도 보았다.

엊그제는 무리를 지어 이리저리 몸을 부딪치는 당파싸움질을 하며 서로 뱉어내는 중저음의 날 선 소리는 가히 우리 사회와 정치를 연상케 하였다.

옛 어른들이 "까마귀 싸우는 곳에 백로야 가지 마라"는 시구가 더욱 하늘의 지혜를 상기시킨다. 요즘 우리 고국의 정치와 사회현실은 흰빛의 순수하고 고결하던 백로들마저 까마귀들의 모순된 행동과 이기적인 권력다툼의 욕망 속에 맞물려 하늘의 뜻과 거리가 먼 싸움질로 변해가고 있는 느낌이다.

자기 삶의 포부와 국가의 뚜렷한 이념과 비전을 제시하지도 못한 채, 총선을 앞두고 우왕좌왕하는 정치 지망생들이 하루속히 희망의 메시지를 전해주는 큰 까마귀로 변화하기를 바랄 뿐이다. 썩은 것을 탐하여 그 사람 "까마귀였다."라는 평가보다 그 분은 하늘의 뜻을 품은 큰 까마귀라는 칭송받는 이가 나타나 참되고 용기 있게 나라와 민족을 바른길로 인도하기를 기대해 본다.

서서히 해가 저물어 가는 이 시간, 책상머리에 앉아있노라니 창밖 저 멀리에서 들려오는 "까옥까옥" 까마귀의 소리가 유난히 귀를 자극하여 내 마음을 다시 한번 돌아보게 한다.

클로버와의 싸움

어린 시절, 네잎클로버를 찾아 마포 샛강 둑에서 많은 클로버를 짓밟았다. 네잎클로버 하나를 발견하면 산삼이라도 만난 듯 환호하고 책갈피에 고이 간직하며 오랫동안 행운을 유지하려던 추억이 떠오른다.

클로버의 꽃말은 행복이며 네잎클로버는 행운이라 부르기에 사람들은 행운을 찾아다니지만, 네잎클로버를 만나기는 쉽지 않았다. 그래서인지 행운을 찾아 행복해졌다는 소식보다는 행운을 잡아 쪽박을 찼다는 불행한 이야기들이 훨씬 더 많이 들려온다. 영국의 꽃은 장미, 아일랜드의 꽃은 클로버라고 한다. 북유럽 사람들은 클로버에서 성부, 성자, 성령을 읽어냈으며 네잎클로버는 악마와 귀신을 막아준다는, 성경에도 없는 기찬 미신을 신봉하며 클로버를 사랑하고 있다.

메마른 남가주에 며칠간이나 봄비가 치락치락 내려 마음이 우중충하지만, 앞 뒤뜰 잔디밭은 진초록 미소가 어우러진다. 꽃나무들은 새잎을 싹 틔우기 시작했고, 잔디밭은 파릇파릇 햇잔디를 뿜어내며 신선함을 가득 풍긴다. 그러나 멀리 야산이나 언덕배기에서 마음껏 사랑받고 살아야 할 클로버와 잡초들이 봄비를 따라 몰래 우리 잔디밭으로 숨어들어 평화로운 공간을 침범하기 시작했다. 잔디보다 더 크고 억센 잎과 곁줄기들로 땅을 훑어 안으며 뜰의 아름다운 잔디를 파괴하고 있어 나는 그들에게 퇴거령을 내리며 싸움을 시작했다.

클로버는 마치 물귀신처럼 땅속에서 잔디의 뿌리를 휘젓고, 잔디밭의 물과 영양을 빼앗는 피해를 준다. 한번 잔디밭에 들어온 클로버는 여간해서는 떠나갈 생각을 하지 않는다. 나는 그들에게 항복하지 않으려고 낡은 골프채를 호미 모양으로 빗꺾고 갈아 만든 나만의 무기로 그들을 주적으로 삼아 전투를 시작한다.

그 싸움은 나의 내면에서도 동시에 벌어진다. 잔디밭의 클로버처럼 나쁜 생각과 게으른 습관이 어느 순간 내 마음에 몰래 스며들 때가 있다. 마음의 정원에서도 나쁜 것은 솎아내고, 긍정적인 생각과 진취적인 기백을 키우기 위해 끊임없는 노력이 필요하다.

하나님께서는 일찍이 인간들에게 열 가지 계명을 주셨다. 먼저 하나님을 섬기고, 이웃을 위하여서는 이기심과 편견에서 벗어나라고 명하셨다. 그러나 비합리적이고 바람직하지 않은 생각이 마음속에서 갈등을 일으킨다. 우리는 이 싸움을 통해 어떤 어려움에 부딪히더라도 적극적인 대응으로 그것을 극복할 수 있다는 것과 이웃의 협력과 이해를 통해 서로를 도우며 살아가는 것이 얼마나 소중한지를 느끼고 있으나 실행이 쉽지 않다.

봄비는 멈추었고, 마음의 정원에 스며든 잡초를 뽑아낼 시간이다. 클로버와의 싸움은 나를 깊이 생각하게 한다. 마음속에서 일어나는 싸움은 그 무게와 깊이에서 새로운 깨달음을 가져다준다. 잔디밭의 잡초들처럼 쉽게 제거되지 않는 그 싸움을 통해 나 자신의 내면을 더 깊이 통찰하려고 힘쓰고 있다.

백성들이 평화롭게 사는 땅에 몰래 침투해 사회를 혼란케 하는 첩자같이, 성도를 영적으로 살찌우는 교회에 가만히 들어와 양 떼를 꾀어내는 이단같이, 생에 충실한 사람들 마음속에 들어와 허접하고 부정적인 잡생각으로 우리 삶을 갉아먹는 클로버를 즉시 제거하지 못하면 마음 밭은 차츰 폐허로 변하게 될 것이다.

나는 내 마당 안에 들어온 클로버와는 치열하게 싸우지만 내 담장 밖 자투리땅에서 살고 있는 클로버들과는 절친한 친구로 서로 마음을 주며 살고 있다. 내가 이 땅에 정착한 이유는 잔디밭의 클로버같이 고독하고 쓸쓸한 삶을 살고 싶어서가 아니라, 이웃들과 어깨를 나란히 하며 클로버 군락처럼 서로를 도우며 기대고 싶다는 간절한 소망 때문이다.

이제는 이기심과 편견에서 벗어나 이웃의 클로버와도 함께 성장하며 잎을 넉 장이나 내보려 애쓰고 서로를 지탱하며 살기로 작정했다.

지렁이의 외침

　며칠째 내리는 봄비에 마을 공원의 넓은 잔디밭과 주변의 플라타너스, 단풍, 떡갈나무들이 다시 생기를 되찾고, 잎사귀들은 싱그러운 노래를 흘린다. 공원 주변에서 힘겹게 살아가던 민들레, 클로버 등 잡초들도 마치 초록을 덧칠한 듯 생명력을 되찾아 싱싱해진다. 그러나 이곳에서 오늘의 가장 큰 축복은 우리 지렁이들에게 내려졌다. 젊고 활기찬 우리 지렁이들은 비를 통해 생과 삶의 새로움을 맛보고 있었다. 톡톡톡 동그란 빗방울 소리는 지렁이들 마음을 두드려 일깨웠고, 줄줄줄 그칠 줄 모르고 하염없이 스며드는 물방울은 죽도록 사랑할 만한 상대를 마음속에 그리게 했다.
　우리는 머리와 윗몸을 쭉 앞으로 늘이면서 흙을 밀어낸 다음 뒷부분을 끌어당기는 방법으로 가끔 나들이를 즐기고 있다. 그러나 원망스러운 일은 나방이, 무당벌레, 풀벌레들까지도 푸른 하늘을 날며 찬란한 세상을 즐기는데 우리는 허구한 날 시커먼 땅속에서 숨어 살아야 한다는 것이다.

　우리는 땅을 중화시켜 인간에게 좋은 영향을 주며 살건만, 시원한 빗속에 산보 나와 꿈틀거리다 사람들을 만나면 그들은 우리의 벌거숭이 몸매 때문인지 징그럽다며 피하거나 외마디 소리를 지르기도 한다. 하찮고 보잘것없는 표현으로 지렁이라고 부르는 사람들은 세월이 얼마나 흘러야 우리를 애완으로 키우게 될까?

　우리는 몇 대째 스프링클러의 물줄기가 닿지도 않는 공원 주변 메마른 땅에서 어렵사리 살아왔다. 그래서 우리의 소망은 항상 "젖과 꿀이 흘러넘치는 가나안" 즉 공원 잔디밭 한복판으로 이민 가는 일이다. 그러나 그 일은 하늘의 도움 없이는 이뤄지기 쉽지 않은 여행이다. 왜냐하면 그곳으로 가려면 공원을 빙 둘러 감은 5피트 폭의 시멘트 산책로를 벌거벗은 몸으로 목숨을 걸고 넘어야 하기 때문이다.

　우리는 마을의 영감님을 모시고 밤마다 실습 교육을 받았다. 영감님 말씀에 의하면 비가 억수로 퍼붓는 밤에 5피트 넓이의 시멘트 산책로를 건너는 데는 불과 10분이면 충분하다고 했다. 대부분 도전자는 시멘트 산책로 위에서 생명을 잃었기에 조심하라고 당부하셨다. 눈이 없어 냄새와 감각으로 산책로를 건너야 하는 우리에게 영감님의 가르침은 항상 같은 말씀의 반복이다.

"좌로나 우로나 치우치지 말고 곧바로 건너라. 바로 가면 5피트요, 좌나 우로 방향을 바꾸면 1마일의 죽음길이다."

 장대비 내리던 그날 밤, 아비와 친척 집을 떠난 나와 이웃의 많은 젊은 지렁이들은 심호흡하고 굵은 빗줄기 속으로 몸을 던졌다. 시멘트 산책로 위를 천천히 그리고 조심스럽게 기어올랐다. 이 순간부터 새로운 삶이 열린다는 벅찬 감동에 눈시울이 뜨거워졌다.

 감격도 잠깐, 그간 접해보지 못했던 빗물에 우러난 강아지 배설물 등 새로운 맛의 음료와 까끌스런 시멘트의 표면이 아랫배를 마사지해주는 맛이 일품이었다. 우선 새로운 맛들을 찾아 주변의 티끌들을 게걸스럽게 빨아먹어 보았지만, 배를 채워주지는 못했다.

 알몸으로 일렁이며 떠돌다 견디기 힘든 새벽 추위에 웅크리고 생각해 보았다. "좌로나 우로나 치우치지 말라"는 영감님 말씀이 떠올랐지만, 나의 위치와 방향을 도무지 가늠할 수가 없었다.

 이리저리 꿈틀거려 보지만 후회와 두려움의 눈물만이 흐르기 시작했다. 이판사판으로 잔디 냄새가 풍기는 방향으로 있는 힘껏 뱃가죽을 빠르게 움직이기 시작했다. 몇 시간이나 시멘트 위에서 사투를 벌이다가 동편이 밝아짐을 느끼는 순간 털썩 내 몸이 산책로의 턱을 넘어 "가나안"의 잔디 위로 떨어졌고 나는 부드러운 흙 속으로 깊이 파고들어 깊은 잠에 빠졌다.

이튿날, 풀벌레가 알려 주었다. 대부분의 네 친구들은 방향을 잃고 산책로 위에서 좌우로 헤매다가 부지런한 아침 들새들의 먹이가 되거나 산책하는 사람들과 강아지들의 발에 밟혔어! 그 난리 통에도 운 좋게 살아있던 몇 친구들은 해가 올라오자 뜨거워진 시멘트 산책로 위에서 모두 말라붙어 버렸지! 하여간 "너는 하늘이 사랑하는가 보다."라는 말도 잊지 않았다.

야곱이 삶의 시련을 통해 깨지고 부서지는 경험으로 마침내 지렁이처럼 보잘것없는 존재인 것을 깨달았다. 그리고 주님의 도움 없이는 살 수 없음을 솔직히 고백하자, 주께서는 지렁이같이 보잘것없는 야곱을 친히 찾아오셔서 그에게 크고 놀랍게도 "이스라엘"을 만들어 주셨다.

"지렁이 같은 너 야곱아, 두려워 말라. 나 여호와가 말하노니 내가 너를 도울 것이라"

그 후 그의 인생 후반은 은혜의 감격 속에서 하나님의 뜻을 향하여 똑바로 걸을 수 있었다.

오늘도 주님께서는 가나안에 입주한 지렁이들에게 생육하고 번성하여 이 땅을 우리 자손들이 말씀으로 정복하라는 사명을 내려주신다.

은총의 눈

석 달마다 컴컴한 안과 진료실로 들어설 때면 가벼운 갈등을 느낀다.

"오늘도 운전하셨어요? 가능하면 운전하지 마세요."

운전이 내 눈에 버거운 노동이지만 그렇다고 걸어 다닐 수도 없는 일이다. 60여 년 전, 시신경 문제로 시력을 거의 잃고 보호자의 손에 이끌려 안과를 찾은 환자들 틈에서 형제와 부모님의 속을 시커멓게 태운 때가 있었다. 쓰디쓴 인생을 살아야 할지도 모른다는 불안으로 삶을 포기할 생각도 했었다. 그러나 어머님의 간곡한 권유로 기도원으로 들어가 한 해 동안 처절하게 하늘에 매달렸다. 차츰 시력이 회복되기 시작하였지만, 밤에는 달빛도 어두웠다.

논산훈련소의 신체검사실은 아수라장이었다. 노련한 의무 하사관들은 장정들의 꾀병 색출에만 혈안이고 안과는 더 가관이었다. 검사에 필요한 기구는 전혀 없었고 벽에 붙어있는 색바랜 시력검사표를 4미터 앞에서 읽는 것이 고작이었는데 나는 위에서 불과 두세 줄 읽고 합격판정을 받았다. 제식훈련을 비롯하여 각종 군사 훈련은 그럭저럭 견딜 수 있었으나 M1 사격훈련은 난감했다. 문제는 100야드 거리의 과녁판이 내 눈에는 옅은 안개가 드리운 것처럼 보였다. 다행히 옆 전우들이 한 방씩 쏘아준 구걸 점수로 무사히 훈련을 마치고 다행히도 후방부대로 배속되었다. 군 생활은 온종일 몸 쓰는 일뿐이라 그런대로 2년 넘도록 수행할 수 있었다. 그러나 동해안으로 침투한 공비소탕 작전으로 오밤중의 비상출동과 야간 경계에서는 낙오를 면키 어려웠다.

중대장의 배려로 의무대 군의관과 질병에 관한 신상 면담을 하게 되었다.

"대학에 입학하여 한 해가 지나자, 눈에 이상이 생겼습니다. '시신경 손상'으로 사물을 인식하지 못해 학업도 중단했습니다."

군의관의 긴 시간 문진 후, 즉시 소견서를 첨부하여 질병에 의한 제대권이 있는 군 종합병원으로 후송 특명을 내렸다. 종합병원의 안과 진료실 역시 캄캄한 암실이요, 나와 군의관 단 두 사람 사이에 놓인 낡은 검안기구는 마치 벼락 맞은 한 그루의 소나무 같았다.

마른 소나무를 칡은 왼쪽, 등나무는 오른쪽으로 감아올리다 가 보면, 서로 뒤엉켜 풀기 어려운 상태가 되는 것을 옛 어른들은 갈등이라 불렀다. 군의관은 검안용 플래시로 눈동자 속을 들춰가며 망막과 시신경을 진찰했다. 제대를 명할 수 있는 그분은 자기 거미줄에 걸린 환자들의 작은 눈구멍 속에서 자신의 이득과 권한을 휘두를 물증을 찾고 있었다. 현역이 부상으로 군 복무가 문제 될 때는 2개월 입원을 원칙으로 완치되면 복귀시키고 장애로 판정될 때는 제대를 명하게 되어 있다. 나는 넉 달이 지나도록 판정이 나오지 않아 매일 초조와 불안으로 스트레스의 세월을 보냈다.

회진 날 암실에서 군의관은 가끔 눈과 관련 없는 변죽 두드리는 질문을 내뱉었다. 눈치 없고 순진한 사병의 설익은 답변을 듣는 동안 검안용 플래시의 불빛에 어렴풋이 군의관의 계급장이 반짝일 때마다 나의 마음속에서는 뜻 모를 갈등이 불붙듯 일어난다. 어느 날인가 행정실 선임하사에게 내 입장과 속내를 털어놓았다.

"척하면 알아들어야지, 눈치 없는 서울 놈아! 세상에 맨입이 어디 있냐?"

그의 틀림없는 소견이었다. 의사들도 포기한 나의 시력 그러나 하늘이 내리신 기적의 은총을 받았기에 눈에 관한 일 만큼은 하늘의 섭리에 맡기고 살기로 마음을 정한 때였다. 시력이 비정상이면 제대를 명하고 정상이면 다시 근무토록 복귀시킬 일이지, 그가 말한 맨입이란 단어가 다시 내 속에서 갈등을 일으켰다.

여러 달이 지난 후, 환자복을 입은 채 만기제대를 맞았다. 느지막이 학업도 마치고 직장도 얻고 가정도 이루어 아기 아빠가 되었다. 끊임없이 침투하는 공비들의 준동으로 향토예비군의 야간 경계가 잦아졌으나 밤눈이 어둡고 시력이 약한 나는 무용지물 되었다. 이번에는 예비군 중대장이 "당신은 예비군에선 쓸모 없어서 퇴출감이요."라는 핀잔 섞인 덕담과 함께 '예비군훈련 면제신청서'를 손에 쥐여주었다.

지정된 날, 서울 통합병원의 안과 대기실에는 몇몇 환자들이 기다리고 있었다. 약간 열려 있는 문틈으로 서류를 뒤적이는 군의관의 모습이 보였다. 꿈에도 뵙고 싶지 않은, 눈치 없던 맨입의 서울 놈에게 변죽을 두들기던 바로 그분이 진급되어 계셨다. 면제 신청은 하늘의 뜻이 아닌 것 같아, 칡과 등나무의 얽힘에 또 한 번 휘둘리기 싫어 대기실을 빠져나와 긴 복도 끝에 놓인 휴지통에 면제신청서를 찢어 넣었다.

세월이 흘러 지난날을 돌이켜보노라니 남보다 약한 시력과 밤눈이 어두운 탓에 한평생 늦은 밤에 뒷골목을 쏘다니지 않은 것은 하늘의 축복이었다. 약시의 눈이지만 사랑하는 가족을 마음껏 볼 수 있고 쓰고 싶은 글도 밤늦게까지 쓸 수 있고 취미활동도 마음껏 할 수 있으니 그 또한 은총이다.

이제 계급장 떨어진 두 노병이 세 번째로 다시 만날 수만 있다면, 연세가 무척이나 드셨을 그분이 아직 살아계신다면, LA갈비를 뜯으며 빛바랜 추억 속에 녹아있는 지난날의 매듭을 훌훌 풀어버리련다. 비록 흐르는 세월에 따라 시력이 더 쇠하더라도 하늘이 내리신 은총의 눈으로 푸른 하늘을 올려다보며 주를 찬양할 수 있으니 그저 감사할 뿐이다.

천생연분에 보리개떡

제법 쌀쌀한 남반구의 우기를 맞아 초저녁부터 첫 겨울비가 주룩주룩 쏟아진다. 오랜만에 듣는 빗소리가 반갑지만, 잠자리에 누웠어도 가게 운영이 걱정되었다. 우울한 심정으로 빗소리를 들으며 곰곰이 생각에 잠겼는데 옆에서 일찍 잠들었던 아내는 눈을 갑자기 뜨고 나 들으라는 소린지 뭔가를 중얼거린다.

"여보! 꿈자리가 아주 불길해."

그 한마디에 내 마음은 얼음장이 깨어지는 듯 아내의 꿈에 사로잡히기 시작했다. 왜냐하면, 나의 꿈은 늘 개꿈이지만 아내는 늘 점쟁이 같은 꿈만 꾸었기 때문이다. 그래도 이번만큼은 제발 아내의 꿈이 틀리기를 바랐다. 아내는 두렵고 무서운 눈으로 두리번거렸고 난 몹시 불안해지기 시작했다.

브라질 상파울루의 통칭 자바시장의 도매 거리에서 의류공장과 매점을 개업한 지 어언 강산이 두 번이나 변했지만, 올해처럼 불경기와 일기불순의 악순환은 처음이다. 운영자금은 쪼들릴

대로 쪼들린 상태에, 오늘 밤엔 달러로 곗돈을 부어야 한다. 나와 아내는 길거리를 방황하는 개라도 잡아 가죽을 무두질해 겨울 옷감으로 팔 마음이 들 정도였다.

아내의 꿈으로 인한 불안과 걱정을 안고 일터에 도착하니 주인보다 먼저 출근하여 점포 셔터 앞에서 쭈그리고 기다리던 종업원들이 우르르 일어섰고 우리는 함께 가게로 밀려 들어갔다. 쇼윈도와 매장 그리고 2층 창고와 3층 공장의 메인 스위치를 올려 불을 밝혔다.

가게 뒤편 깊숙한 주방에서 손님들을 위해 끓이는 구수한 커피 향이 건물 내부를 짙게 감싸 퍼질 때 이웃 가게 김 사장이 아침부터 마실 왔다. 그는 몇 개월째 이어지는 이상기후와 불경기로 선반 위에 무너질 듯 쌓아 올린 여름옷 재고를 둘러보더니 한마디를 던지고 나가버렸다.

"참 무던들 하시군. 저 산더미를 바라보면서도 부부가 안달복달하지 않는 걸 보면 맴이 척척 잘도 들어맞는 천생연분에 보리개떡일세!"

"보리개떡 같은 천생연분이라고? 무슨 소리야?"

부산스러운 오전 도매가 끝나고, 소매상인들이 몰려드는 오후, 조금 한가해진 나는 2층 한구석에 꾸려놓은 자그마한 사무실에 들어앉았다. 아내의 말을 까맣게 잊은 채 오전 매출의 전표들과 오늘 지급할 수표를 정리하고 있었다. 바로 그때 벽 구석에 매달린 알전구가 신경질적으로 번쩍이기 시작했다. 이 붉은 불빛은 별안간 들이닥치는 세무쟁이나 반갑지 않은 족속들이 등장할 때 매장의 아내가 비밀 스위치로 내게 알리는 긴급통신이다. 나는 화급하게 번쩍이는 불빛을 보는 순간 아내의 얼굴이 떠올랐고 잠시 잊었던 아내의 꿈자리와 불안감이 솟구치기 시작했다.

나는 장부와 수표들을 담벼락 속 비밀 공간에 급히 쑤셔 넣고 황급히 두 계단씩 발 빠르게 뛰어 내려갔다. 매장에 들어서는 순간 싸늘한 기류가 감도는 것을 느꼈다. 떼강도들이 들끓는 장바닥에서 잔뼈가 굵은 노련한 점원들은 벌써 슬며시 뒤로 빠져버렸고 눈치 없는 신입 점원들과 문법에 아랑곳없는 브라질말로 목청 높이는 아내가 네 명의 건장한 떼강도들을 상대로 항전을 벌이고 있었다. 양쪽 모두 팽팽히 탐색전을 하다가 일제히 나를 바라본다. 나는 순간 당황했지만, 가게의 주인으로서, 종업원들의 대표로서, 심호흡하며 그들 가운데로 들어섰다.

매장 천장에 매달린 스피커에서 흐르던 멜로디는 흥겨운 라틴 가락으로 변했다. 빈대떡 머리에 들기름 바른 것 같은 건장한 녀석들이 갑자기 긴장된 분위기를 깼다. 그들은 냅다 삼바 스텝을 밟더니 팀의 왕초 같은 놈이 어리둥절 서 있던 암사슴을 닮은 어린 점원 아가씨를 반강제로 손을 잡아끌어 파트너로 세우고 매장 한가운데서 엉덩이를 흔들기 시작했다. 어린 점원은 황당해했지만, 리듬에 따라 몸을 조금씩 흔들더니 차츰 스텝을 맞춰 관능적 몸짓으로 왕초의 하체와 부딪치고 있었다. 저런 헤픈 아가씨는 가게 운영에 문제 될 것 같아 당장 해고해야겠다고 마음먹었다.

나머지 두 녀석이 나를 노려보고 있었다. 날카로운 눈매와 얼굴의 칼자국 그리고 차림새와 몸짓이 영락없는 조폭이다. 균형 잡힌 몸매에 설익은 커피색 얼굴, 쌍권총을 품은 불룩한 청람색 재킷, 통 좁은 청바지에 흰색 나이키, 벽시계를 힐끔힐끔 훔쳐보는 눈동자는 기민함이 엿보였다. 누군가와 접선을 기다리고 있었다. 위협적인 반말로 한마디씩 툭툭 내뱉는 투박한 사투리로 보아 아마존에서 막 굴러 내려온 악명 높은 조폭 '자까레' 일당이 분명했다.

이 네 녀석이 넓은 매장을 활개를 치며 누빈다. 왕초가 매장 전체를 휘둘러보며 명령을 내리기 시작했다.

"이봐, 저 모델 300장, 저건 400장, 이것도 400장, 조것은 500장, 저쪽 것 1,000장…. 이봐, 모델별로 따로 포장해. 해 떨어질 때쯤 와서 실어갈게. 색깔과 치수 S, M, L 비례는 꼭 맞아야 해!"

녀석들은 구매자의 삼박자인 디자인, 품질, 가격 등은 아랑곳없었다. 마네킹에 입혀놓은 철 지난 여름 상품들도 다 쓸어 담아 놓으라고 눈알을 부라렸다. 그러고는 그대로 사라졌다. 나는 멍하니 매장 구석에 서 있었고 놈들은 내가 안중에도 없었다. 그들이 떠나자, 아내가 나를 멀끔히 쳐다보았다.

"당신 왜 거기 서 있어요?"

놈들이 원하는 의류들을 대충 어림할 때 지방 도매상들의 한 시즌의 주문량보다도 훨씬 많았다. 아내가 입을 열었다.

"여보, 내 꿈자리가 너무 사나웠어! 이민 선배들 얘기 기억 안 나요? 조폭들은 물건을 강제로 주문하고는 해 떨어질 때쯤 와서 차에 싣는 것까지 부려 먹은 후 권총을 휘두르며 유유히 떠난다고 했잖아. 이제 우리는 망했어. 어떡해?"

아내가 눈물을 찔끔 흘렸다. 그 모습을 보자 내 가슴이 찡-했다. 놈들에게 한마디도 못한 것이 후회스러웠다. 아내와 나는 물론 고참 점원들까지도 이 상황을 어떻게 대처해야 할지를 몰라 얼이 빠진 듯했다.

나는 온몸이 떨리고 있었지만, 마음을 가라앉히며, 주인답게 입을 열었다.

"자, 놈들이 올 땐 오더라도 힘내서 일하자고, 일해, 어서"

'어떡하지?' 놈들의 주문을 무시했을 때 후폭풍의 피해를 생각하면 몸서리쳐지고 끔찍했다.

"여보, 경찰에 신고할까?"

"물증 없는 심증으로 경찰에 신고해 봐야 헛수고일 게야. 그리고……."

"그리고 뭐?"

'보복'이라는 말이 목구멍까지 기어 올라왔다가 가라앉았다. 제기랄!

우리는 마주 앉아 적절한 아이디어를 짜내기 시작했다. 저 물건은 다 팔린 것인데 미처 마네킹에서 벗겨내지 못했고, 이 원피스는 확인 결과 대(L)와 소(S)만 있어 상품 가치가 없고, 반짝이

체크무늬는 날염 불량이 많아 권하기 미안하고……. 어쩌면 아내는 그렇게도 팔기 힘든 거짓 결점들을 다양하게도 집어내는지 예전엔 미처 몰랐던 핑계의 달인이었다.

 우리는 마음을 진정시켜 가며 아깝지만 퍼주어도 마음의 상처를 덜 입을 저가품 의류만을 골라 소량으로 포장하고 계산서를 붙여놓았다. 그런 다음 나는 일렬로 나란히 붙어있는 다른 가게들을 일일이 돌아다니며 상황을 알리기 시작했다.

 "김 사장님, 조심해요. 놈들이 이 가게에도 들이닥칠지도 모릅니다."

 "그래요? 어떡하지요?"

 "일찌감치 가게 문을 닫고 피하는 게 낫지 않겠습니까?"

 "그게 낫겠군요."

 하루해가 어둑해지자, 점포 주인들은 모두 서둘러서 셔터를 내렸다. 물건을 빼앗기는 것보다는 오후 장사를 접는 것이 훨씬 낫기 때문이었다. 나도 문을 닫고 싶었지만 그랬다가는 가게를 폭발시킬까 봐 그럴 수가 없었다.

 우리 가게만 열고 도매상가의 거의 모든 점포가 임시로 문을 닫았다. 가게 주인들은 퇴근하지 않고 밖에서 삼삼오오 수군거리며 우리 가게를 지켜보고 있었다. 상점들은 모두 문을 닫아 어스름한데 불이 훤히 켜져 있는 우리 가게, 공포에 질려 겁먹은 종업원들은 다 퇴근했고 아까 조폭과 춤을 추던 어린 점원만은 시장 부근에 거주하기에 용감하게도 우리 부부와 함께 남았다.

시계가 5시를 알렸다. 벽시계를 볼 때마다 아내의 얼굴은 사색으로 변하고 나는 자꾸만 가슴이 쪼그라들며 키가 한 치씩이나 줄어들고 있었다. 그 많던 머리숱도 날아가기 시작했다. 길거리에 옹기종기 몰려 우리 가게를 주시하는 이웃 사장님들도 긴장되기는 마찬가지였다.

땡- 7시, 놈들은 넷에서 일곱으로 불어난 떼거리가 되어, 낡은 가죽 망토를 휘날리며 서부영화에서나 나올 법한 가로 일렬로 대로를 점령하며 우리 가게를 향해 걸어오기 시작했다. 저녁의 공포가 일대를 장악하기 시작했다. 인근의 모든 사장님은 손에 땀을 쥐고 우리 가게를 응시하고 있었다.

한 놈이, 어디서 배웠는지, 어눌한 한국말로 씨부렁거렸다. 그가 말할 줄 아는 한국어는 '아줌마' 하나였다. 그런데도 그 말을 듣는 순간 괜히 마음이 따끈해졌다. '한국말을 하는데, 한번 빌어볼까?'

"아줌마, 주문한 물건이 왜 이것밖에 안 돼?"

왕초 격인 놈이 다그치며 잡아먹을 듯이 눈알을 굴렸다.

"아줌마는 우리 주문을 우습게 보는 거야, 아니면 우리를 무시하는 거야?"

험상궂게 생긴 다른 녀석이 계산대 위에 있던 묵직한 재단 가위를 들더니 엄지 환에 검지를 넣고 위험하게 공중에서 빙빙 돌리며 우리를 째려보았다. 다른 녀석은 입구 쪽으로 가서 철제 셔터를 끌어 내릴 때 쓰는 갈고리 철봉을 중국 무술 시범하듯 공중에서 돌리기 시작했다.

멀리서 우리를 지켜보던 점포 주인들이 가슴을 쓸어내리며 우리의 불행을 면해 달라고 천주께 빌고 있었다.

"아멘 아멘, 이 사장을 돌보아 주소서, 우리를 보살핀 착한 친구에게 은총을 내리소서, 모든 불행을 혼자 다 짊어진 친구에게 사랑을 베푸소서!"

나는 조폭들에 둘러싸여 불안과 초조와 공포 속에서 주문량을 다 채우지 못한 이유를 피고가 재판장에 진술하듯 변명하기 시작했다.

"아줌마!"

그자들은 나와 아내 구별 없이 '아줌마'라고 불렀다.

"아줌마는 다량으로 팔 물건이 그렇게도 없어?"

그 순간 놈들에게 최대한 고분고분했던 나는, 나를 아줌마로 부르는 것에 열도 받고 약간 용기도 솟았다.

"도대체 당신들은 뭣 하는 사람들이야?"

내 고함이 문밖으로 새어 나가자 모든 점포 사장님들이 십자가를 다시 그었다. 아내와 어린 점원도 놀라 나의 옷깃을 붙잡았다.

"어느 도시의 도매상이냐? 아니면 쇼핑몰이냐?"

그들은 고개를 짧게 흔들었다.

"그럼, 왜 이렇게 많은 의류를 구매하려는 게요?"

왕초인 듯한 자가 우쭐한 태도로 다리를 흔들면서 심한 사투리를 뱉어내기 시작했다.

"아줌마, 우리는 아프리카에서 브라질어를 사용하는 유일한 나라 모잠비크 궁의 경호원들이요."

"뭐라고? 무슨 경호원?"

"우리는 올해 민속축제에 참여하는 사람들에게 나눠줄 선물들을 구매하러 왔소. 날씨도 춥고 비도 올 것 같아 한 군데에서 많은 것을 사고 싶소."

"오늘 밤 항공편으로 보낼 여름 의류를 더 많이 구매하려면 잡담할 시간도 없소. 옷이 더 많이 필요하오. 있는 대로 다 사겠소."

"옷 같은 소리 하고 있네. 경호원이 옷 구매장이야?"라고 소리를 치려고 하는 순간 왕초가 가죽 코트를 펼쳐 보이는데 그의 방탄조끼의 앞가슴 재킷 호주머니마다 진초록 달러 뭉치들이 칸칸이 꽂혀 있었다.

"오늘 이 돈을 다 뿌리고 가겠소."

쇼윈도 밖에서 눈치를 살피던 사장님들은 순간적으로 사라지더니 삐꺽-삐꺽 점포마다 셔터가 열리고 불이 켜지며 큰손님 맞을 준비를 시작했다.

"아줌마, 돈 받아!"

왕초는 달러 한 뭉치를 뽑아내어 빳빳한 백 불 권으로 물건값을 치르고는 거스름돈도 마다한 채 그들은 손수 보따리들을 둘러메고 바깥으로 나가더니 타고 온 차에 던져 넣었다. 그러고는 번개같이 각 점포를 돌며 여름 의류를 구매하려 했으나 이미 겨울철이라 색깔과 싸이즈 비례가 맞는 여름 재고가 많지 않았다.

그중에 아까 우리 점원과 하체를 비벼대며 춤을 추던 왕초가 다시 돌아오더니 독수리가 병아리를 낚아채듯 갑자기 우리 점원 아가씨를 끌어내 안고는 그대로 차에 올라탔다. 아가씨는 아가씨대로, 우리는 우리대로, 어안이 벙벙하여 서로 바라만 보았고 눈이 마주치는 순간 차는 떠나버리고 말았다.

"아니, 저런, 저런 저놈이"

그날 상가 안 점포들은 오랜 가뭄에 단비를 맞았다. 나는 정수리가 뜨끈뜨끈해지며 공포로 두근거렸던 가슴이 갑자기 찢어지는 듯 저리고 숨이 답답해지더니 입술까지 말라붙었다.

"당신의 그 잘난 개꿈 때문에 대박을 날렸어!"

"아니야, 당신의 곰 발바닥같이 우둔한 눈썰미 때문이야."

우리는 서로 하늘이 내려준 대박 기회를 놓쳐버린 안타까움에 입씨름을 벌였다. 모든 가게 주인들이 "경사 났네!"를 외치면서 덩실덩실 춤을 출 때 아내와 나는 어안이 벙벙한 채로 그들을 바라만 보고 있었다.

신바람 났던 점포들, 불이 하나둘 꺼지고 주위가 캄캄해지기 시작했다. 아내와 나는 오늘 하루가 보리개떡이 되어버린 것이 너무도 억울하고 원통하여 서로 바라보다가 갑자기 와락 껴안고는 애들처럼 엉엉 울음보를 터트렸다. 얼마 후, 아내가 눈물을 훔치고 그들이 던지고 간 돈다발을 세어 보았다. 나는 그 모습도 보기 싫어서 고개를 숙이고 있었다. 갚아야 할 곗돈 생각과 입속까지 들어왔다가 나가버린 행운 때문에 주책도 없이 자꾸 눈물이 흘렀다.

　돈을 세어보고 난 아내가 다가와 가만히 내 허리를 껴안고 머리를 가슴에 묻었다.

　"여보, 그래도 오늘 미화로 쏟아부어야 할 원단 값과 곗돈은 나왔어요. 오늘 하루 장사치고는 잘된 하루였어요. 여보, 우리도 잔뜩 쌓인 저 여름 재고를 처분할 날이 분명히 올 거예요."

　나는 선반 위에 수북이 쌓인 철 지난 산더미 옷들을 바라보았다. 그때 김 사장이 들어왔다.

　"아니, 이 집은 이 좋은 기회에 아직도 재고를 쌓아두고 있군 그래, 국 끓여 먹으려나, 뭐가 좋다고 서로 껴안고 있는 거요? 참 내, 이 사람들, 정말 천생연분에 보리개떡일세, 쯧쯧!"

　김 사장이 혀를 치며 나갔다. 내가 가게 셔터를 내리고 돌아서는 순간, 나는 어둠에 지워지는 지평선 위로 불끈 올라선 항공화물 컨테이너 차량에서 우리 어린 점원 아가씨와 그 우두머리가 상체를 차창 밖으로 반쯤 내밀고는, 여름옷이 더 필요하다고, 고래고래 소리를 지르며 어두운 밤거리를 질주해 달려오는 것을 보았다.

　나는 손에 힘을 주며 아내를 꼭 껴안았다.

빨간 보자기

　투우 경기를 통해 탐욕이 부른 파멸을 볼 때가 있다. 주말 저녁, 느긋한 마음으로 스포츠 채널을 항해하노라면 주로 야구나 농구 또는 풋볼 경기에 눈길이 머물게 된다. 내가 살았던 남미 땅에서는 포르투갈과 스페인의 영향을 받아서인지 투우 경기와 축구를 심심찮게 시청할 수 있었다. 세상 사람들이 투우 경기를 동물 학대라 비난해도 마드리드, 바르셀로나 등에서는 아랑곳하지 않는다. 문화유산이란 명목으로 2천여 년 전 로마의 콜로세움과 똑같은 격앙된 분위기로 황소와 인간을 싸움시킨다. 원형극장을 꽉 메운 이만여 관중의 뜨거운 열기와 절반 가까운 여성 마니아의 열띤 응원엔 전염병 코로나도 두려워 다른 곳으로 피하는가 보다. 이윽고, 화려한 의상의 미남 투우사가 귀빈석의 퀸을 향해 예를 갖추면 퀸은 꽃 부케를 던져 답례함으로써 경기는 시작된다. 이때 울려 퍼지는 함성은 관중들의 혼신을 뒤흔들고 그 분위기에 도취한 투우사는 생명을 걸고 황소와 싸우게 된다. 브라스

밴드의 힘찬 울림과 함께 험상궂은 검은 황소 한 마리가 우당탕 뛰어나오고 조수 투우사는 빨간 보자기를 흔들어대며 이 녀석을 약 올린다. 다른 조수는 꽃으로 장식된 작살을 황소의 목덜미에 주렁주렁 꽂아 따끔한 고통을 주고 줄줄이 흐르는 붉은 핏방울에 놀란 황소는 미친 듯 날뛴다. 이쯤이면 관중석의 관객들도 흥분으로 고조되어 자리에서 일어서기 시작한다.

드디어 관중들의 환호를 받으며 입장한 주역 투우사는 콧구멍에서 적색 연기를 내뿜는 황소와 마주 선다. 이 순간 관중을 얼마나 격하게 흥분시키느냐 하는 것은 투우사의 역량에 달렸다. 우레 같은 함성 속에 투우사는 투우장을 몇 바퀴나 돌며 능력과 인기를 과시한다. 마침내 황소가 붉은 보자기를 제압하려는 탐욕으로 달려드는 순간 투우사의 긴 칼은 황소의 목심을 단번에 푹 찔러 땅바닥에 무너트려야 한다. 그런데 가장 사납고 용맹한 황소와 가장 노련한 투우사가 한판 대결을 치르려던 명절날 마무리 경기에서 보기 드문 기이한 현상이 일어났다.

날카로운 뿔에 조각상처럼 우람찬 검은 황소가 나타나자, 관중은 일제히 감탄의 박수를 보냈다. 조수 투우사들이 약을 올리자 검둥이가 모래바람을 일으키며 맹공격을 시작했다. 황소는 붉은 보자기가 비극적 운명의 상징임을 알아차렸을까?

드디어 노련한 오늘의 주역 투우사가 보자기 속에 긴 칼을 숨긴 채 등장하여 빨간 보자기를 흔들며 몸짓과 눈짓으로 빨리 공격하라는 사인을 황소에게 몇 번이나 날려 보냈다. 그러나 슬기로운지, 아니면 겁쟁이인지, 검둥이는 수많은 선배가 생을 마감한 모래판에 우뚝 서서 꿈적도 하지 않았다. 다운타임 시간이 길어지자, 관중들은 비겁한 황소, 싸움을 유도해내지 못하는 오늘의 주역 투우사를 향해 야유를 퍼붓기 시작했다. 그러나 황소는 경기장을 휘저으며 울부짖을 뿐 투우사의 유도에 말려들지 않았다. 황소의 외침은 빨간 보자기 같은 세상의 헛된 것에 광란하는 관중을 향해 오히려 야유하는 것 같았고 결국 황소는 경기장 밖으로 끌려나갔다. 이 장안의 화젯거리를 두고 주간 논평에서는, "영리하고 기품이 뛰어나며 탁월한 유전 능력을 인정받은 이 황소는 명이 다할 때까지 종축장에서 씨받이로 기르기로 결정되었다."라고 전했다.

투우 경기는 빨간 보자기 하나에 목숨을 건 인간과 황소의 생존경쟁이다. 아무리 위풍당당한 황소일지라도, 아무리 노련한 기술의 투우사일지라도 빨간 보자기 하나 때문에 둘 중 하나는 목숨을 잃게 된다. 우리가 인생길에서 만날 수 있는 빨간 보자기 같은 것은 무엇일까?

지긋지긋하던 코로나의 시대도 끝나고 우리 눈앞에는 또다시 수많은 빨간 보자기가 팔랑거리기 시작했다. 돈과 이성과 명예와 권력의 빨간 보자기들이 눈앞에서 현란하다. 이 유혹의 보자기들 앞에서 우리는 먼저 무엇을 해야 할까? 우선 멈춰 서야 하지 않을까? 우리는 멈추지 못해 가진 것까지 잃는 경우를 더러 본다. 많은 재물과 함께 과로사하는 사람, 권력을 남용하다 감옥살이하는 사람, 명예를 위해 동분서주하다 실패하는 사람들이 그 예이다.

    욕망의 씨앗을 마음 밭에 뿌리면 욕심이란 잡초도 함께 돋아난다. 그래서 욕망과 욕심은 동전의 앞뒷면으로 인간에게 버팀목도, 살아가는 힘도 된다. 인간이 살아 숨 쉬는 한 욕망에서 벗어날 수 없고 욕망은 오늘날의 문명도 낳았지만, 과할 때는 화를 부른다. 속이 텅 빈 빨강만 따르던 욕망덩어리 황소들은 모두 투우사의 칼에 무참히 쓰러졌다. 우리는 세상이란 경기장 속에서 유유자적한 삶으로 인생길에서 승리할 수는 없을까? 청년 시절엔 설익은 감정을, 중년엔 솟구치는 욕망을, 노년에는 늘그막의 탐욕을 통제하면 인생이 평안하다는 것을 알고는 있지만, 실행이 쉽지 않다. 나이 들수록 편견과 집착과 아집에 사로잡히기 때문이다. 남의 의견을 수용해야 할 자리에 권위와 고집의 빨간 보자기가 독버섯처럼 피어오르기 때문이다.

    이제는 빨간 보자기를 향한 욕구를 다스리며 마음을 새롭게 하여 나에게 주어진 사랑, 가족, 친구, 재능 등으로 만족하면서 하루하루를 즐겁게 살아야 하겠다. 지금 가진 것만으로도 이미 내 잔은 넘치므로. 그것이 곧, 내 인생의 진정한 욕망의 빨간 보자기이므로.

무궁화꽃이 피었습니다

　손자들과 함께 화제의 드라마 「오징어 게임」을 시청했다. 첫 머리는 인형의 특이한 인상과 목소리로 "무궁화꽃이 피었습니다"였다. 이어 달고나 뽑기, 줄다리기, 구슬치기 등 추억의 놀이를 소재로 유혈참극이 일어난다. 엄청난 상금에 목숨을 걸고 벌이는 살벌하고 잔인한 서바이벌 게임은 넷플릭스가 전 세계에 방영하는 83개국에서 시청률 1위를 평정했고 등장한 놀이는 지구촌 곳곳에서 빠르고 세차게 무궁화처럼 피어나고 있다고 한다.

　드라마를 시청하는 내내 머릿속에는 옛 추억들이 흑백 영화로 펼쳐졌다. 한국동란은 우리 민족에 깊은 상처를 입혔지만 살아남기 위한 남다른 창의력도 일으켜 주었다. 우리 또래들은 태평양을 건너온 현란한 색깔의 구호품을 걸치고 천막 조각으로 바느질한 책가방에 갱지 몇 장을 꿰매 만든 사제 공책과 몽당연필 한두 자루가 고작이었다. 공책 첫 줄을 쓸 때마다 연필심을 혓

바닥에 찍어 침을 발라야 검은색 글자가 선명하게 나타났지만 그래도 우리 얼굴빛은 마냥 밝았다.

그 시절, 주번 선생님은 등하굣길에 게릴라처럼 나타나는 잡상인들을 호랑이 소리로 몰아내셨다. 반면, 우리는 하나같이 신발주머니 끈을 손가락에 걸고 빙글빙글 돌려가며 잡상인들의 좌판 주변에서 얼쩡거렸다. 손수레 연탄불 위 찌그러진 양은 대야 속에는 흑갈색 국물과 번데기가 김을 모락모락 구수한 냄새를 풍겼다. 손수레 한 모퉁이엔 동서남북이 엉성하게 씌어 있는 냄비뚜껑 크기의 다트가 붙어있다. 꼬마 손님은 자기가 맞출 방향을 선언하고 주인아저씨가 재빨리 돌리는 다트를 닭털 꼬리 화살로 찍어 맞히면 1원 내고 2원어치를 받았다.

또 엿장수도 있었다. 손수레 갑판에는 주로 빈 병이나 찢어진 고무신짝과 바꿔주는 울긋불긋 쌀과자를 등짝에 박은 통판 엿이 넙죽이 엎드렸고 다른 쪽 귀퉁이에는 깨엿, 갱엿 그리고 엿치기용 굵은 엿이 나란히 누워있다. 엿장수의 침 튀기는 구수한 타령과 손재간에 우리는 정신을 몽땅 빼앗기고 침을 흘렸다. 문창호지를 꼬아 만든 다섯 개의 종이 빨대 중 두 개는 밑동이 하나로 붙어있다. 엿장수는 이것을 손바닥으로 감싸 쥐고 살살 돌리면 엿판 주위에 모인 어린 눈동자들은 새파란 광선을 뿜어내며 밑동이 붙은 것을 골라내야 이기는 도박이다.

건너편엔 국자에 녹인 흑설탕을 양철판에 교묘히 쏟아부어 닭, 붕어, 강아지 등을 만들어 세워놓고 손님을 끌어들인다. 또

설탕 빵을 납작하게 누르고 그 위에 아령 모양의 양철 도장을 찍어낸다. 침으로 녹여 부러지지 않게 아령을 뽑아내면 설탕 동물 한 마리를 주는 달고나 뽑기도 마음을 설레게 했던 감미로운 추억이다.

이제 또래들이 장성하여 세계 무대에서 꽃을 피우고 있다. 호기심과 진지함으로 엿치기의 가느다란 엿 구멍을 가늠하던 그 눈동자는 자동차와 큰 배를 만들어 내고, 뺑뺑 돌아가는 다트판에서 동서남북을 예측하고 맞춰내던 짙은 안광의 눈은 반도체를 생산하기 시작했다. 달고나에 새겨진 아령 모양의 설탕 파편을 꼼꼼히 떼어내던 손가락은 앙증맞고 납작한 핸드폰을 만들어 전 세계 사람들의 대화를 한 줄로 엮어주었다.

한때의 어려움은 하늘의 축복으로 이제는 문학과 예술에서, 과학과 기술로, 지구촌 곳곳에서 꽃을 피우고 있다. 우리의 빈곤 시절 놀이도 드라마로 각색하니 전 세계가 열광한다. 그런데 지금 세계에서 가장 앞서가는 미국에서 자라나는 우리 자녀들 근처에는 불량식품을 파는 잡상인도 구멍가게도 없다. 등하굣길을 부모가 차로 모시기에 세상맛과 달러의 용도를 모르고 자라는 순백의 손주들이 내 마음에 괜한 걱정거리로 스쳐 가는 것은 왜일까?

환경과 처지가 좋다 보니 우리의 자녀들이 온상재배도 아닌 수경재배 과일이나 콩나물처럼 연약하기 짝이 없이 몸만 쑥쑥 자라나고 있는 것으로 보이기 때문이다. 우리의 어떤 삶을 저들에게 보여주어야 그들이 보고 배워 강인한 몸과 칠전팔기의 개척정신으로 드넓은 지구촌에서 무궁화꽃을 피우고 향기를 날리며 살아갈 수 있을까?

서양 땅에 뿌려진 단군의 씨앗들이 고난과 역경의 연속인 이민의 삶 속에서도 먼저 생업에 충실하고 이웃과 진정한 쉐어링을 하며 창의적인 삶을 살면 좋겠다. 손자들에게 해야 할 것과 해서는 안 될 일을 똑바로 가르쳐 저들이 온전한 한국계 미국인으로 지구촌에 "무궁화꽃이 피었습니다"를 외치는 참된 지도자로 성장하기를 기대해 본다.

여우와 아기 손

신문을 들추다가 눈에 번쩍 띄는 기사가 보였다. '부산 시민과 함께한 80년의 영도다리'라는 주제로 부산 영도구 남항대교 옆 수변공원에서 영도다리 축제가 열린다는 내용이었다. 6·25전쟁 시절의 애환을 현인의 노래「굳세어라 금순아」가 주제곡으로 사용되며, 당시 생활상을 청동으로 재현한 전시품들이 사람들의 심금을 울릴 것이라는 기사였다.

6·25전쟁으로 부산이 임시 수도가 되었고, 수많은 난민은 이리저리 엉키고 갈리며 서러운 피난 생활이 시작했다. 400m 높이의 고갈산(봉래산)을 등에 짊어지고 부산 앞바다에 느긋하게 엎드려있는 서울 여의도의 두 배 넓이의 영도섬은 하루에도 몇 번씩 다리 한 구간의 상판을 번쩍 들어 올려 큰 선박들을 통행시키며 지금까지 그 시절의 추억을 고스란히 간직하고 있다.

전쟁 중 부산까지 피난 내려온 사람들은 무일푼이었기에 부산 시내에 거주하기 어려워 대부분 영도섬으로 몰려들었다. 고갈산기슭 구릉지의 소나무들을 잘라낸 자리에 판자 조각과 보로 상자를 엮어 벽을 세우고 낡은 군용 텐트 조각을 구해 천장을 덮으면, 고달픈 피난살이의 첫날밤이 시작되었다. 하루가 다르게 판잣집들이 늘어나는 덕분에 우리 가족이 지은 판잣집은 몇 달 사이에 마을 중심이 되었다. 불어나는 피난민들은 그 지역에 교회와 초등학교를 세웠고, 동네 이름도 아름다운 영도구 신선동이라 불렀다.

조그마한 절간을 머리에 얹고 있는 고갈산에서 새벽마다 울리는 은은한 범종 소리는 하루를 일깨웠고, 저녁노을 아래에서 들려오는 파도 소리와 갈매기 울음소리는 하루를 마무리하게 했다. 모두가 가난하고 부족했지만, 그 시절을 회상하면 고난보다는 낭만이 더 많이 떠오른다.

4학년 때 담임선생님은 우리 마을에 사셨다. 마땅한 교과서도 없이 공책 한 권 들고 어둑한 교실로 들어서면, 키 크고 긴 나무 판자가 책상이고 키 작고 긴 판자는 다섯 명씩 앉는 걸상이었다. 콩나물시루같이 교실을 가득 채운 아이들은 선생님의 머릿속에 있는 지식을 색 바랜 칠판에 써주는 대로 받아 적는 수업으로 수업을 마쳤고, 오후에는 갯가로 내려가 뛰노는 것이 일과였다. 그러나 공휴일이면 선생님은 우리를 바다가 내려다보이는 마을의 큰 바위에 모이게 하셨다. 서른 명 남짓한 아이들이 바위에 둘러앉으면, 선생님은 나폴레옹, 알렉산더, 장발장과 같은 이야기와 전래동화를 재미있게 들려주셨다. 우리는 선생님을 무척 따랐다.

선생님은 평양의 어느 초등학교에서 인기 좋은 총각 교사였다고 하셨다. 북한이 6·25전쟁을 일으킨 초기에는 교사들을 징집하지 않고 학생들을 가르치게 했으나, 차츰 전세가 불리해지자 교사들까지 기본 훈련도 생략하고 전쟁터로 내몰았다고 한다.

선생님은 따발총도 몇 발 쏘아보지 못한 채 유엔군에 포로로 잡혔다가 어처구니없는 경로로 이번엔 국군이 되어 북으로 진격 중 총상을 입고 상이용사로 제대하셨다. 쉴 곳도 의지할 곳도 없는 선생님은 피난민들이 많이 모여 사는 곳들을 찾아다니며 흩어진 부모 형제를 수소문했다. 그러다 우연히 고향 친구를 만나게 되었고 그 후 그의 여동생과 서로 마음이 통해 가정을 이루게 되었다. 선생님 부부는 신선동 공터에 판잣집을 짓고 피난민 초등학교에 교사직도 얻었지만, 수입은 보잘것없었고, 이듬해는 귀여운 첫딸을 낳았다.

찢어지게 가난하던 그 시절, 사모님은 영양부족으로 아기에게 먹일 젖이 충분하지 못했고, 분유를 사다 먹일 여유도 없었다. 납작보리 밥을 조금 남겨 묽게 쑨 미음으로 갓난아이의 우유를 대신하다 보니 아기는 병치레가 심해졌다. 첫돌을 석 달 남기고 아기는 황달 기운이 들기 시작하여 온몸이 노랗게 물들었다. 동네 할머니들이 오이 꼭지나 감꼭지를 달여서 먹이면 된다고 하여 친구들까지 온 마을을 뒤졌지만, 곶감 꼭지 몇 개밖에 구하지 못했다.

어느 날, 선생님은 학교에 나오지 않으셨다. 우리는 집으로 찾아갔지만, 판자문에 달랑 매달린 검은 맹꽁이 자물통만이 우리를 맞았다. 며칠 후, 우리는 큰 바위에 모여 선생님의 말씀을 들었다. 모두 정말로 슬퍼서 엉엉 소리 내며 울었다. 은하수가 펑펑 쏟아져 내리는 밤, 숨을 몰아쉬던 노란 얼굴의 아기는 피를 토하는 엄마의 울음소리와 땅을 치는 아빠의 목멘 소리를 조그마한 가슴에 품고, 전쟁과 가난과 눈물이 없는 저 하늘로 별을 따라 올라갔다.

다음 날, 선생님은 조그마한 담요로 아기의 시신을 둘러업고 지쳐 쓰러진 아기 엄마를 일으켜 부축한 채 군용 야전삽을 지팡이 삼아 고갈산으로 올랐다. 양지바른 산등성이에 구덩이를 파다 보니 돌이 너무 많아, 돌은 골라내고 부드러운 흙으로 아기의 무덤을 만들었다.

이틀 후, 국제시장 양키 골목에서 미군 묘지용 흰색 나무 십자가를 값싸게 사서, 아기의 무덤을 아담하게 꾸미고자 사모님과 함께 고갈산으로 올랐다. 아기 무덤 부근에 다다르니 으스스한 느낌과 함께 동분 흙이 마구 파헤쳐져 있고, 아기 담요가 갈기갈기 찢어져 흩날리고 있었다. 너무도 놀란 엄마는 거의 기절했고 선생님도 한참을 얼빠져 있다가 정신 차려 하나하나 살펴보니 구겨진 담요 사이에 조그마한 아기 손 하나가 잘려져 있었다.

두 내외가 하늘을 우러러보며 통곡하기 시작했다. 그때 지나던 마을 토박이 영감님 두 분이 다가왔다.

"쯧쯧쯧, 보이소! 피난민 젊은이여! 고갈산에서 장례를 치를 때는 우리에게 물어봤어야제! 굶주린 여우들이 이 산속에 얼마나 많은지 아능교? 이곳에 매장할 때는 시신 위에 돌을 억수로 올려놓아 다져놓고, 그 위에 흙을 덮었어야제! 쯧쯧쯧."

저녁노을이 서쪽 하늘을 핏빛으로 물들이기 시작하고, 싸늘한 늦가을 바람이 선생님 내외 속에서 흐르는 피를 차츰 식혀갔지만, 눈물은 더욱 뜨거워졌다. 찢어지는 고통을 감싸 안고 사모님을 부축하여 마을 어귀에 들어서자, 판자로 허술하게 지은 교회 안에서 은은한 찬송 소리가 새어 나왔다. 두 사람은 교회 쪽문을 밀치고 들어섰다. 희미한 등잔 아래 성도 몇이 가마니 위에 앉아 찬송을 부르고 있었다. 선생님 부부는 깔아놓은 가마니 한 귀퉁이에 꿇어 엎드렸다.

주여!
불쌍히 여겨 주옵소서!
불쌍히 여겨 주옵소서!

흐르는 눈물을 닦을 새도 없이 나름대로 기도를 올리기 시작했다.
그날 이후 선생님은 많이 변하셨다. 숙제도 줄이시고 말썽꾸러기들도 품어주며, 우리에게 넓은 마음과 장래의 큰 이상을 가지라고 격려하셨다. 그 후 우리 가족은 서울로 올라왔고, 옛일들을 다 잊었다. 이군 복무 시절, 운 좋게도 부산에서 근무하게 되었고 불현듯 선생님이 그리워 영도구 신선동을 찾아갔지만, 아담한 주택가로 변하여 옛 모습을 찾을 수 없었다. 친구들과 아기의 원수를 갚으려 뻔질나게 고갈산을 오르내리며 여우 사냥에 많은 시간을 보낸 기억이 있지만, 무덤 터의 위치도 찾지 못한 채 바람에 흔들리는 코스모스 잎사귀만 애꿎게 따다 내려왔다.

하필(何必)이면

어처구니없는 일로 기막힐 때 항의하듯 입속에서 뱉어내는 말이다. '어찌(何)'와 '반드시(必)' 속에는 상당히 큰 파괴력이 담겨 있나 보다. 그 말은 내 의지와 상관없는 건(件)이 밀고 쳐들어와 불안과 실망을 주거나 속상하고 힘들게 할 경우이고 심지어는 하늘이 원망스러워질 때도 있다.

상쾌한 주일 아침, 몇 가닥 남지 않은 머리털을 매만지고 교회로 출발했다. 차 속에서 고국의 뉴스를 들으니 제대를 일주일 앞둔 병사가 '하필이면' 코로나 백신주사를 맞고 저세상으로 떠났다는 가슴 찡한 보도이다. 비록 마스크를 쓰고 드리는 예배지만 좀 더 큰 소리로 은혜롭게 찬양하려 찬송가를 펴 드는 순간 '하필이면' 돋보기를 집에 빼놓고 왔네!

내가 살아온 짧지 않은 삶을 돌아보아도 학창 시절에는 '하필이면' 6·25, 4·19, 5·16 등 겁나는 여러 숫자와 악연으로 만났다. 그 이후 학업, 취업, 결혼, 진급에 온 힘을 다할 때도 '하필이면'은

늘 그림자처럼 나를 따라다녔다. 또 남미 땅에 도착한 시기에는 '하필이면' 살인적 인플레와 조변석개의 혼란한 경제정책으로 나의 생업이 널뛰듯 했고, 드디어 미국 땅을 밟으니 '하필이면' 지축을 흔드는 지진의 공포와 마스크로 얼굴을 감싸도 불안한 코비드19의 확산이 마음을 무겁게 한다.

'하필'에는, 깔끔하던 차가 앞마당 스프링클러의 삐져나온 물줄기로 얼룩이 지거나, 혼잡한 Fwy에서 앞차를 따르면 옆줄이 빨리 줄어들고 어렵사리 옆줄로 옮아 붙으면 원래 줄이 더 빨리 줄어드는 등 '가벼운 하필'과 몸과 마음을 흔들어 두렵게 하는 '무거운 하필'도 있나 보다.

나의 맏딸이 15년이나 불 지피던 대입학원이 이제야 안정을 찾아 평수 넓고 주차 공간도 널찍한 단독 건물로 이전했다. 건물 실내를 깔끔하게 리모델링하고 소문난 족집게 강사들을 어렵게 확보하니 '하필이면' 코비드의 공격으로 한 해가 넘도록 문도 못 열고 임대료 등 적지 않은 지출을 감수하는 어려움에 당면했다. 게다가 학원장인 딸은 다양한 스트레스로 인해 AI 시대 최고의 의술도 정복하지 못한 유방암의 기습공격을 받았다.

진단이 내려진 날, 우리 가족의 정신적 아픔과 괴로움은 말할 수 없었다. 몇 시간에 걸친 수술과 여러 차례의 항암치료 후 까까머리에 가발 쓴 '무거운 하필'의 여인이 되어버렸다.

우리의 삶 속에는 이해되지 않는 여러 가지 '하필'들이 꼬리에 꼬리를 물고 따라다닐 때가 있다. 그리고 '하필이면'이란 말속에는 '왜 나야?'라는 서운함이 깔려있다. 딸이 수술받을 때도 나는 초자연적인 절대자의 힘에 의지하려 두 손을 모으고 머리를 숙여 기도드리면서도 'Why Me?'가 자꾸만 따라다녔다.

남들의 일은 쉽게 풀리며 가끔 대박도 터지는데 나는 왜 기를 쓰고 노력해도 걸핏하면 막다른 골목이고 대박은커녕 내 밥그릇 챙기기도 힘드냐는 것이다. 그런데 더 억울한 일은 그게 내 탓도 아니요, 순전히 운명적이란 결론을 내릴 때이다. 세상을 살다 보면 항상 부족함과 억울함과 기다려 주지 않는 기회가 "하필이면"의 한탄 속에 깃들었고 하늘이 나를 깜빡 잊은 것은 아닌가, 의심할 때도 많았다.

귀뚜라미 울음소리 들리는 서늘한 밤공기에서 '하필이면'에 숨은 의미를 곰곰이 묵상하고 있었다. 내 어깨에 얹힌 삶의 짐이 타인의 것보다 얼마나 더 무거울까를 생각해 보다가 우연히 거실과 부엌 사이 냉장고 문짝에서 그 답의 가느다란 실마리가 눈에 보이기 시작했다.

냉장고의 흰 문짝 표면에는 우리 가족이 월드-비전을 통하여 돕고 있는 핏기 없는 검은 빛깔 아이들 몇이 표정 없이 나를 바라보고 있었다. '하필이면' 검은 대륙에서, 정글 숲속에서, 모래사막에서 태어나 어린 시절부터 일용할 양식을 걱정하며 가난과 역경에서 하루하루를 연명하고 있다. 아이들이 보내준 사진 속에는 자기 이름과 그림 그리듯 삐뚤삐뚤 그려낸 영어글자 Thank you!는 이미 글이 아니고 그들의 생명과 소망의 외침이었다.

이 세상의 수많은 사람 중, 이웃을 위해 이뤄놓은 보람찬 성과라곤 기억도 나지 않는 나를 하늘의 섭리는 왜 '하필이면' 노년을 미국 땅에서 의식주 걱정 없이 살면서 좋은 이웃들과 인연을 맺고 살게 하실까?

이어 '하필이면'이란 단어를 긍정의 상황에 갖다 붙여보기 시작했더니 '하필이면'의 섭리는 갑자기 찬란한 빛을 발하기 시작하는 걸 깨달았다. 내가 누리는 많은 행복이 참으로 가당찮고 놀라운 것은 전적으로 하늘의 축복이란 것이다. '하필이면'을 한(恨)과 탄(歎)으로 여겼던 순간들이 부끄러워지며 '하필이면'은 절대로 인생의 답이 될 수 없다는 것을 느꼈다. '하필이면'을 앞세워 폭력적으로 치고 들어오는 사건과 운명에 압도되지 않고 당차게 밀고 나가 '마침내'로 극복하는 길 밖엔 없나 보다.

세상에서 가장 고급 향로는 병든 고래에서 나오고, 병든 소에서 우황이, 식물이 자라기 힘든 로키 산꼭대기의 나무는 명품 악기의 재료라고 한다.

내 사랑하는 딸의 '하필이면'이 인생을 값지게 할 것이라고 굳게 믿던 요즘 '마침내' 완치되었다는 결과를 얻고 학원도 정상화되어 문을 활짝 열었다. 내가 꽃나무에 가위질하는 이유는 나무를 사랑하기 때문인 것처럼. 이제, 나와 우리 가족은, 운명도 우연도 인정하지 않고 모든 일은 축복이 숨어있는 하늘의 섭리라는 신앙 속에 살기로 했다.

'하필'이란 글자를 사전에서 찾아보니 같은 소리의 다른 하필

(下筆)도 눈에 띄었고 그 뜻은 아래(下) 붓(筆), '붓을 내려 글을 쓴다.'라고 되어있다. 우리에게 '하필(何必)'이 하늘의 섭리요, 계획이라면 그 끝은 '마침내'로 이끌어 주실 것이다. 그래서 나는 '하필'을 '마침내'로 바꾸어 주시려는 하늘의 뜻을 글로(下筆) 써서 밝히고 싶다.

2부

가정(家庭) _예수만 섬기는 우리 집

나팡 마을 이야기

　새로운 봄이 시작되었지만, 만주벌판 통화현은 여전히 쌀쌀했다. 옛 고구려의 땅으로, 동북쪽에서 광개토왕릉비가 지켜주는 넓고 비옥한 그곳에는 일본에 시달리던 조선인들이 압록강을 건너 이주하기 시작하여 다양한 마을을 이루고 나름대로 평온하게 살고 있었다.

　현(縣) 내의 조그마한 마을 나팡에는 신의주와 선천에서 이주한 기독교인들이 모여들어 농사일을 주업으로 살면서 아담한 교회당을 세웠고 이듬해 평양에서 젊은 목사님 한 분을 목회자로 모셔 왔다.

　교회 일에는 물불 가리지 않고 봉사하던 총각과 믿음 좋기로 소문난 아담한 처녀는 서로 마음이 맞아 가정을 이루고 남매를 낳았다. 그 둘은 농사일과 허드렛일로 분주한 일상을 살며 이웃의 부러움과 교회에서는 모든 잔일을 도맡아 처리하는 일꾼으로 칭찬을 받고 있었다. 그러나 해를 거듭할수록 경박해지는 목사님의 일 처리 솜씨에 교우들의 소곤거림은 늘어나기 시작했다. 그 내용은 잦은 평양 나들이와 이에 따른 경비 지출, 어른들에 대한 무례와 평소의 오만함 그리고 처우에 관한 과도한 요구들이었다. 당회원도 아닌 집사님은 자신이 나설 일도 아니었지만 공동체의 안위를 위해 가능한 한 목사님에 대한 이런저런 꼴사나운 소문들을 삭이려 동분서주로 뛰어다니며 교우들을 다독거리기에 바빴다.

어느 날 아침, 집사님은 우연히 교회 앞을 지나치다가 요란하게 들려오는 장작 패는 소리를 듣고 교회 뜰로 들어가 보고 깜짝 놀랐다. 목사님은 사택과 교회 뜰을 분리하여 둘러막은 나무판자 담장을 도끼로 패어 땔감을 만들고 계셨다. 놀란 토끼 눈의 집사님을 향한 목사님의 말씀은 청천벽력이었다.

"이 교회는 쌀쌀한 날씨에 목사 집에 장작이 있는지 바닥났는지 관심도 안 보이는 무정한 교인들만 모여 있다. 주의 종 섬기는 법을 평양의 교회들을 보고 배워야 한다!"

집사님은 마음의 평정을 유지하려 애를 쓰며 목사님을 향한 교인들의 섬김을 구체적으로 설명하려 했지만, 막무가내인 젊은 목사님의 무례함에 차츰 열을 받다가 나중에는 목사님의 멱살을 거머쥐고 목청껏 다투었다. 그 후부터 목사님의 설교는 자장가로 들렸고 집사님 눈에 비치는 목사님의 행동은 이중인격이요, 집사님 내외의 신앙생활은 나사가 풀린 듯 느슨해지기 시작했다.

그해 여름, 장질부사가 퍼지기 시작하면서 나팡 마을의 상황은 더욱 어려워졌다. 유치부에 출석하던 집사님 집의 남매가 동시에 드러눕고 며칠 만에 하늘나라로 올라갔다. 집사님 일가와 교우들의 슬픔은 말로 표현할 수 없었다.

그해 가을 늦은 밤, 어쩌다 그런 일이 생겼는지 아무도 모른 채, 평양의 뒷거리에서 불량배에게 쫓기던 목사님은 결국 그들의 뭇매에 심한 타박상을 입고 며칠간 시름시름 앓다가 하늘나라로 불려 가셨다고 한다.

집사님 내외는 주님 앞에 납작 엎드려 지난날의 소행을 반성하며 통회와 자복으로 오랫동안 눈물을 가눌 길이 없었다고 한다. 그 후 삶의 터를 봉천으로 옮기고 서탑교회에 출석하며 신앙생활을 처음부터 차근차근 다시 시작했다. 그리고 주님의 변함없는 은혜로 나란히 세 아들을 낳고 생각지도 않던 늦둥이 "나"까지 얻어 오 부잣집이 되었다.

아버지는 그 후 장로직까지 받았으나 항상 물에 녹아 보이지 않는 소금처럼 신앙생활 하는 것을 마음에 새겨 조심하셨고 어머님은 매사에 행동이 기도보다 앞서지 말아야 한다는 철칙으로 살아오셨다.

나는 지난날의 상처로 가슴이 공허하신 부모님께 전염병으로 먼저 가신 형들은 열악한 위생환경 탓이요, 목사님이 실수로 우범지대를 배회한 일은 우연이지 하늘의 징벌은 아니라고 내 나름대로 역설을 펼쳤다. 그러나 아픔만큼 성숙해진 두 분은 그 문제에 대한 마음 속내를 단 한 번도 드러내지 않으셨다.

나는 모태신앙으로 이민 생활을 통하여 각 교파에서 다양한 어려움을 겪은 여러 성정의 교우들과 부대끼며 신앙생활을 하다 보니 교회가 어려운 형편에 처할 때마다 부모님의 희생과 믿음이 떠올랐다.

기도보다 앞서지 않는 행동과 물에 녹아 보이지 않는 소금처럼 교회를 섬겨야 한다는 부모님 말씀이 신앙생활의 정답같이 다가온다.

어버이날의 단상

아버지는 1897년 평안북도 선천 고을에서 태어나셨다. 일본의 압제로 만주 땅으로 건너가 살면서 한평생을 난리와 정변 그리고 6·25동란 등으로 한 번도 기량을 크게 펼치는 삶을 살아보지 못하셨다. 급변하는 세파의 소용돌이 속에서 가족의 울타리 노릇하시기에 버거운 여든다섯 해를 사시고 하늘나라로 가셨다.

부모님은 사십 대 후반에 전혀 기대치 않던 늦둥이 나를 보신 후 무척이나 쑥스러웠다는 말씀이 기억난다. 손자가 할아버지를 따르듯 졸랑졸랑 따라다니며 싸부랑거리던 나에게 아버지는 바위처럼 크고 장하고 그러나 엄하고 두려운 존재였다.

그분은 한류의 어느 인기 영화 주연 배우보다도 더 미남이셨다. 어른들의 키가 별로 크지 않던 그 시절, 지금의 나보다도 한 뼘이나 더 큰 키와 깔끔한 용모, 그리고 어떤 고을의 망나니들과 겨뤄서도 져본 적이 없었다는 무용담에 아버지는 나의 영웅이요 동경의 대상이었다.

나의 소년 시절, 아버지는 외삼촌의 철제 장식공장을 돌보시다가 압착 기계에 두 손가락이 물렸다. 즉시 가까운 병원으로 달려갔으나 당시 그 병원에는 마취약이 떨어져 마취 없이 이십여 바늘을 꿰매는 동안 신음 한 번도 내지 않아 동네에서 또 한 번 무서운 영웅이 되셨다.

색 바랜 고교 시절의 일기장을 들춰보다가 흥미로운 몇 줄을 발견하고 뜻깊은 미소의 늪에 빠졌다.

"혼인은 집안 어른들의 결정으로 이뤄지던 시대였기에 망정이지, 요즘 같으면 미남 아버지와 아담한 어머니는 맺어지기 힘들었으리라."

그리고 명문대에 낙방하고 낙서로 쓴 글에는 "나도 형님들처럼 아버지의 훤칠한 외모와 어머니의 총명한 두뇌를 물려받았더라면 대학은 물론이고 이 나라도 정복할 수 있었을 텐데, 어쩌다 아버지의 평범한 두뇌와 어머니의 아담한 외모만 쏙 빼닮아 이 모양이 되었는고?"라는 한탄이 적혀있다.

문중의 윗사람인 아버지는 강한 의리와 승리욕 넘치는 다혈성 기질로 베드로처럼 통 크고 반석 같은 믿음의 장로님이셨지만 만사를 차분히 생각하고 지혜롭게 처리하는 데는 어머니를 따르지 못하셨다.

1901년생 어머니는 외갓집의 심한 남존여비의 사상으로 학교의 문턱도 넘어보지 못하고 오라비들의 어깨너머로 글을 깨치셨다고 한다. 그러나 아담한 몸매에서 흘러넘치는 명석한 판단력과 재치 있는 언어의 은사는 뭇사람들을 압도하곤 했다. 환갑이 넘으신 후에도 통합 측 여전도회 연합회장직을 세 번이나 연임하셨다. 나이 아흔이 되는 해의 어머니날 밤, 하늘나라로 가시는 시간까지 자녀들과 이웃을 위해 기도하시며 많은 분의 뜨거운 사랑을 한 몸에 받으셨다.

내가 부모님의 그늘에서 살아오는 동안 때로는 세대 차이로 사랑의 표현이 어수룩한 아버지에게 반항하고 편드시는 어머니를 경시한 일도 있었다. 그렇지만 나에게 아버지와 어머니의 존재는 나를 지탱해 주는 뿌리인 동시에 내가 넘어야 할 높은 산이었다.

아버지의 바람과 어머니의 눈물이 고인 그곳에 내가 도달하기를 두 분은 그렇게도 원하셨지만, 나는 오늘날까지도 아버지의 강직한 믿음과 강인한 생활력 그리고 어머니의 산을 옮길만한 능력의 기도를 흉내조차도 내지 못하며 부모님의 산은 넘어보지 못한 채 산허리에서 정상만 쳐다보며 살고 있다.

아버지는 세상의 삶을 마치고 숨을 거두실 때도 "네 사명을 다하라"라고 지엄하게 분부하셨다. 그런데 나는 아직도 내 사명의 진정한 의미도 깨닫지 못하고 전전긍긍한다. 세월이 흘러 세 딸 덕에 어느새 여덟 손주의 할아버지와 할머니가 되어버렸다. 우리는 꿈의 땅 미국에 살면서 메말라가는 야성과 무기력보다는 은혜와 감사를 통한 활화산 같은 신앙인의 모습과 타오르는 개척정신을 자녀 손주들에게 심어줘야 할 텐데….

5월을 맞이할 때마다, 강직한 아버지와 지혜로운 어머니를 나에게 엮어주신 주님께 머리 숙여 감사드린다.

해마다 5월이 돌아오면

　해마다 5월이 돌아오면 노년의 가슴속에서 가느다란 실개천이 되어 조용히 흐르던 부모님과 지나간 일들이 어느새 넓고 푸르고 맑은 시냇물을 이루게 된다. 옛 스크랩북을 뒤적이다가 삼십여 년 전, 어머니날 밤에 천국으로 오르신 어머님에 관해 기독공보 1982년 11월 13일 자에 실린 '우리 교회 이 사람'이란 목회자가 추천하는 모범 평신도의 칼럼이 눈에 들어왔다. 신문 4면의 절반을 차지한 기사의 헤드라인 표제 글들은 다음과 같다.
　'교회와 가정의 신앙의 어머니', '화평케 하는 은사로 큰 몫 담당', '자녀 교육 엄격해 모두 장로 집사', '초달하고 선 엡6:1절 암송케 하고', '영광 가리지 않고 가게 하소서', '기도의 생활화'이다.
　내용을 몇 줄 옮기면 다음과 같다.
　선친으로부터 믿음을 이어받아 '믿음의 뼈대 있는 집안'을 이루고 교회에서도 믿음의 어머니로 불리는 참신앙의 전형을 이룬 계성안 권사님이다. 그리고 열정적인 면에서 그녀는 카리스마적이며 시와 비를 정확히 가려내는 분이다. 그러면서도 신비주의에 빠져 교회에 부작용을 일으키는 일이 전혀 없고 항상 말씀 중심이어서 영적인 면에서 교인들의 추앙을 받고 있어 목회자의 입장에서 목회에 큰 보탬이 되는 분이다. 간혹 교인들에게 하기 어려운 충고를 해야 할 때에는 권사님이 먼저 간파하고 그를 찾아가 마음에 상처를 주지 않고 권면을 하여 해결해 주고 있다.

평북 선천이 고향인 그녀는 7세 때 선천 원동교회 주일학교에 다니기 시작하여 15세 때부터는 주일학교 반사, 17세 때 오라버니의 독립운동으로 전 가족이 만주로 이주했다. 통하현 진두허교회에 출석하며 이경기 씨와 결혼하고 봉천으로 옮겨 서탑교회에서 내외가 장로와 권사로 신앙생활을 하다가 모국은 독립되고 중국은 공산화됨에 따라 돌아와 염천교회를 설립하는 데 일조를 했다.

권사님은 화평케 하는 은사를 지녔다. 문제가 있는 가정에 가서는 꼭 화해를 붙이고야 만다. 그녀가 있기에 교회도 늘 화평이 유지된다. 권사님은 또 신유의 은사를 지녔다. 그러나 권사님은 내색하지 않았고 산유 은사자들이 빠지는 오류에도 절대 물들지 않고 교만치 않았다.

권사님의 자녀 교육은 매우 엄격하다. 4남 1녀의 자녀들이 모두 신앙으로나 세상적으로도 바르게 성장했다. 그녀는 '자녀들을 위해 기도를 많이 하고 엄하게 키웠다.'고 말한다.

자녀들이 어렸을 때 잘못하면 무섭게 회초리를 쳤다. 그리고 어머니 앞에 무릎을 꿇고 잘못을 시인한 후 '엡 6:1 자녀들아 너희 부모를 주 안에서 순종하라'를 외우게 했다.

권사님 부부는 금혼식을 맞이하기까지 한 번도 크게 싸운 일이 기억나지 않는다고 하셨다. 권사님의 이러한 신앙적 자세는 기도의 힘에서 나온 것이다.

"인생이 아무리 신앙생활을 잘했다고 해도 임종에 실수하면 다 허사지요. 나는 이제 바라는 것이 있다면 하나님의 영광을 가리지 않고 깨끗하게 사는 것이 소원입니다."라고 말씀하시는 권사님을 자녀들에게 전혀 부담을 주지 않는 할머니요, 교인들에게 바른 신앙을 지도하고 본을 보이는 권사님이라고 박위근 담임목사는 강조한다.

금년도 어김없이 또 어머니날이 찾아왔다. 낡고 색 바랜 신문지에 동전만 한 어머님의 초점 흐린 얼굴이 아직도 철부지 막내인 나를 바라보시며 미지근하여 뜨겁지도 아니하고 차지도 아니한 믿음에 대하여 뭐라고 간곡히 타이르신다.

그 당시의 삶에서 겪는 깊은 고뇌를 쓸어안고 「성령이여 강림하사」 찬송을 즐겨 부르시며 주님의 은혜만을 사모하는 어머님이 내게 바라시던 믿음의 과녁판은 아직 한 번도 맞춰보지도 못하고 언저리에서만 맴도는 나 자신이 부끄럽기만 하다.

해마다 5월이 돌아오면 부모님이 한없이 그리워지며 나는 턱없이 어려진다.

국제공항의 커피 한 잔

 오늘처럼 구름이 낮게 드리우고 옅은 안개가 감도는 날이면, 국제공항 커피숍으로 달려가서 낯선 얼굴들 틈에 끼어 걸쭉한 에스프레소 커피 한 잔 마시고 싶은 생각이 간절하다. 초등학생 세 딸과 함께 큼직한 이민 가방을 끌며 상파울루 국제공항에 첫 발을 내딛던 날도 이렇게 안개가 짙게 깔려 있었다.
 브라질과의 첫 만남은 공항 커피숍에서 시작되었다. 복잡한 입국 수속을 힘겹게 마친 후, 다섯 식구가 짐수레를 밀며 로비로 나왔을 때, 우리를 반갑게 맞아준 분들에 둘러싸여 진한 흑갈색의 공항 커피 한 잔을 받아서 들었다. 그날의 커피는 마치 사약처럼 느껴졌지만, 그 기억은 지금도 생생하다. 그날 이후로 한 해에도 여러 차례 상파울루를 방문하는 손님들을 맞거나 환송하러 공항을 자주 드나들었다.
 커피 한 잔의 단맛과 쓴맛처럼, 고국을 떠나 여러 해를 지내는 삶도 쓴맛과 단맛이 어우러져 있다. 나에게도 비행기 타는 일이 생기기 시작했다. 그때마다 공항 커피숍의 동그란 의자에 엉덩이 반을 걸치고 앉아 마시는 에스프레소 한 잔은 늘 내 마음을 평온하게 진정시켜 주었다. 여행객 중에는 유난히 나그네의 외로움을 느끼는 사람들이 많았다. 낯선 땅에 처음 발을 디디며 호기심이 가득한 눈으로 두리번거리는 사람들도 있었다. 떠나는 사람들은 목적지에 대한 막연한 기대와 불안감으로 복잡한 표정을 짓고, 도착한 사람들은 먼 길에서 묻혀온 이야깃거리와 고단함을 안고 있었다. 옷차림만큼이나 서로 다른 말씨와 몸짓, 꼬리표 덕지덕지 붙은 여행 가방을 쌓아 올린 짐수레들 사이에 섞여 앉아 마시던 커피 맛은 이제는 진한 향수가 되었다.

　우리 집에는 귀한 손님이 셋이나 머물다 갔다. 함께 보낸 시간이 기껏 20여 년이었지만, 그동안 나눈 정은 따뜻하고 풍요로웠다. 낮은 안개가 낀 날, 귀한 손님들은 더 큰 배움을 향해 차례로 떠났고, 그때마다 국제공항의 탑승 문을 지나 자그마한 등만 드러내 보인 채 사라져 버렸다. 그들과 함께 지낸 시간은 고작 바퀴 달린 검은 가방 두 개의 무게일 뿐이었다. 공항에서 눈물짓는 이들을 볼 때마다 여린 사람이라 생각했지만, 그날 나와 아내는 흐르는 눈물을 주체하지 못하고 공항 커피숍의 쓴 커피를 두 잔씩이나 비우며 눈물을 닦아냈다.

　국제공항은 비행기의 정거장일 뿐이지만, 그곳엔 만남의 반가움과 헤어짐의 서글픔이 서려 있어 내게는 커피 한 잔이 필요한 곳이다. 그러나 우리의 영원한 목적지, 저 하늘 위의 공항은 만남과 기쁨만이 있는 축복된 곳일 것이다. 비 내리고 천둥 치는 날도 비구름을 뚫고 하늘로 오르면 그곳에는 오직 푸르고 맑은 하늘과 밝은 태양뿐인 것처럼.

이 땅의 고난과 수고 그리고 갈등은 그리운 기억으로 남고, 그곳에는 오직 하늘의 영광만이 있을 것이다. 하늘나라로 향하는 여정에는 피곤한 입국 수속이나 일렁이는 마음을 달래줄 쓴 커피 한잔도 필요 없다. 그곳에서는 우리를 기다리는 믿음의 조상들과 꿈속에서나 만났던 그리운 이들이 우리를 맞이하려 기다리고 있기 때문이다.

여행할 때마다, 하늘 높이 솟아오를 때마다, 나는 이 빛나는 순간들을 하늘나라로 가는 복된 길의 예행이라 여기며 하나님께 감사드린다.

나의 딸들아

　예부터 오늘날까지, 동서양 어디서나 변함없이 전해지는 진리가 하나 있다. 이 진리는 위대한 업적을 이룬 뛰어난 사람들의 발자취를 따라가 보면 반드시 그 배후에는 훌륭한 어머니가 버티고 있다는 것이다. 우리 조상들, 김유신 장군이나 율곡 선생님의 어머니는 물론이요, 미국 대통령 조지 워싱턴과 링컨의 어머니도 예외는 아니었고, 성경에 나타나는 걸출한 인물들마저도 모두 훌륭한 어머니 아래서 성장한 분들이다.

　정치와 사회 그리고 문화와 종교 등 세상 어떤 분야에서 큰 영향력을 행사한 분들은 한결같이 좋은 어머니의 바람이 함께했다. 그렇게 생각해 보니 아버지의 책임보다 어머니의 책임이 한층 더 무겁고 아버지보다 어머니의 존재가 한층 더 중한 것 같다. 그래서인지 아버지 없는 아이들보다 어머니 없는 아이들이 더 불쌍하고 가련해 보이는 것은 아마도 어머니의 존재가치가 그 자녀들의 인격 형성에 더 중대한 영향을 미치기 때문일 것이다.

위대한 인물들이 위대한 어머니를 가졌다는 말은 위대한 어머니는 위대한 자식을 낳아 키울 수 있다는 말이라고 할 수 있다. 이는 과학적으로도 밝혀진 사실 중 하나로 사람들은 아버지보다 어머니의 외모나 성격이나 재질을 더 많이 닮는 경향이 있다. 그 이유는 아마도 열 달 동안이나 어머니 뱃속에서 지어진 아기는 어머니를 당연히 닮을 것이다. 그러기에 임신 열 달 동안에 어머니의 육체적 심리적 모든 상태는 태중에 있는 아이에게 지대한 영향을 주는 관계로 태교도 이유 있는 중요한 교훈이다.

또한, 어머니의 자녀에 대한 교육과 인격적인 영향은 아버지보다 더 강하고 깊은 인상과 영향을 주는 것이다. 아버지의 교훈이 다분히 규범적이라면 어머니의 교훈은 감화적인 사랑의 교훈이기 때문이다. 그리고 사랑을 표현할 때도 부성애라 하지 않고 모성애라고 표현하는 이유도 어머니는 사랑의 화신이기 때문이다. 어머니가 사랑과 눈물을 가지고 자녀들을 가르칠 때, 아이들의 마음은 뿌리까지 감동되어 인격의 성장을 촉진하는 순간이 된다.

나의 딸들아!

유아기와 유년기 그리고 소년기, 때를 놓치지 말고 진리의 말씀을 가르쳐라. 이 시기의 성장은 전부가 어머니의 감화 분위기 속에서 자라나기에, 이때의 바른 신앙교육은 아이의 일평생을 지배한다.

항상 어머니로서 사명과 책임을 잊지 말고 온전한 삶의 본보기가 되어라. 우리 가정은 하늘이 내려주신 비전의 씨를 품고 있기에, 이 씨를 싹틔우고 잎이 돋아나고 줄기가 굵어져 꽃을 피우고 탐스럽고 아름다운 삶의 열매를 주렁주렁 맺도록 해보자.

우리는 지구촌의 서로 다른 인종을 화합시키고 이념의 갈등을 해소하는 멋진 정치인, 사회를 아름답게 모자이크하는 선 굵은 예술인, 깨끗하고 정직한 부자 그리고 영적으로 갈급한 현대인들의 신앙을 회복시키는 영적 지도자들을 이 땅에서 양성하자.

이것은 하늘이 이 시대에 우리 가정에 내려준 최고의 사명이다.

어머니의 역할을 온전히 이해하여 어머니의 사랑과 주의 교육과 훈계로 양육하라.

액자 속의 비전

우리 집 벽에는 여러 개의 액자가 걸려있다. 거실에는 열여섯 명의 가족이 다소곳하게 서서 나를 바라보고 있는 대형 액자가 있고, 복도에는 여덟 손주의 사진이 핀에 꽂혀 펄럭이며, 냉장고 문짝에는 자석에 짓눌려 비뚤어진 채 익살스러운 손주들의 스냅 사진이 누렇게 바래가고 있다. 그리고 장식장 모서리에는 오십 여 년 전 우리의 약혼을 자랑하던 흑백사진 한 장이 퇴색된 채 아침 햇살에 피어오른다.

사진 속 손자들은 강아지 귀를 잡고 껄껄거리거나, 파티 복장의 손녀들은 단정히 빗은 머리를 갸우뚱 새침 떨고 있다. 또한 여러 인종의 반 친구들 사이에서 의젓하게 미소 짓고 있는 무지갯빛 손주들을 볼 때마다 대견함과 뿌듯함이 솟아난다. 집안 곳곳에 장식해 놓은 사진들을 바라볼 때마다 사진 속 얼굴들과 마주치며 세상에서 가장 고귀한 애정이 새록새록 돋아난다. 빛바랜 액자 속에서는 갓 태어난 손주들이 내 풋내기였던 나의 아빠 시절을 불러온다.

　아들들아, 너희들은 미국 땅의 분만실에서 같은 경험을 했다지? 사랑하는 아내의 곁을 지킬 때, 일분일초가 한 시간처럼 길게 느껴지고, 진통과 함께 진땀 흘리는 아내의 고통에 가슴이 내려앉아 안절부절못했던 순간들, 지칠 대로 지친 아내의 손을 잡아주며 힘을 내라고 응원하던 순간들, 아내의 마지막 절규에 더 이상 도울 수 없는 무력한 자신을 한탄하던 순간 그리고 힘찬 울음소리와 함께 태어난 우리의 아기들. 그 순간 내 눈에 비치던 아내의 더없이 성스러운 모습, 어떤 일이 있어도 나는 너와 아기를 영원히 사랑하겠노라 다짐했던 그날의 결심이 낡아가는 액자 속에서 힘차게 말해주는구나.

　손주들이 성장하며 남긴 사진 속에는 또 다른 심술도 보인다. 온종일 젖 먹기 싫고 잠도 오지 않아 찡얼거리며 보채던 일, 짓궂은 심통과 고집으로 엄마 아빠를 힘들게 했던 일, 그러나 엄마 아빠를 사랑한다고 온몸으로 재롱떨던 일들이 모두 돌돌 말려 활짝 웃고 있는 손주들의 빛바랜 사진 속으로 쏙 들어가 버리고 잔상만 눈에 남네. 액자들을 들여다보니 문득 부모님을 향한 나의 부끄러운 마음이 가슴을 저민다. 일제 강점기의 어려웠던 시절과 한반도를 두 동강 나게 했던 난리와 전쟁통에도 어린 나를 진자리 마른자리 가르시며 애써주셨건만 나는 부모님의 은혜에 보답해 드린 기억이 별로 없다. 그러나 그분들은 나의 가슴속에 믿음이란 불빛을 심어주셨지. 그 불씨로 인해 나와 우리 가족은 오늘도 밝은 얼굴로 하늘에서 울려오는 희망의 속삭임을 듣는다.

그리고 나는 자녀들과 손주들 하나하나의 가슴속에 소망의 씨앗 하나씩을 묻어 두었다. 그 비전이 언제 싹트고 열매 맺을지 예측하기는 쉽지 않겠지. 그러나 인내하고 기다리며 열망하면 그들은 이웃과 사회에 좋은 영향을 주는 아름다운 사랑의 열매를 맺으며 복된 삶을 살게 될 것이다.

고대 로마를 빼닮은 초강대국 미국 땅에서 나의 손주들은 현재는 소리 없이 숨만 쉬고 있는 작고 보잘것없는 보리떡에 불과하다. 그러나 오늘 새벽에도 이 할아비와 할미는 여덟 덩이의 보리떡을 주님의 손에 올려드렸다. 주님께서 축사하시면, 전쟁과 부조리와 굶주림으로 혼란스러운 지구촌의 울긋불긋 다양한 얼굴들을 손주들이 가슴에 품게 될 것이다.

어쩐지 그날이 생각보다 빨리 올 것 같은 느낌으로 이 아침도 새로운 태양을 맞이한다,

디지털 손주와 아날로그 할배

시침과 분침이 움직이면 아날로그, 숫자로 표현하면 디지털 시계라 부른다. 요즘은 디지털의 발전이 눈금으로 알려주던 아날로그 궤적들을 모조리 삼키고 있다. 내 손주들은 디지털 세상에서 태어나 성장하기에 그들에게서 배울 것도 있지만 부담을 느끼기도 한다.

늦둥이는 온종일 대가족 왕할머니의 포근한 품속에서 아날로그의 사랑을 받으며 자랐다. 그래서인지 장성하여 가정을 이룬 후에도 부모님을 떠나지 못했고 세대가 바뀌어 미국에 살면서도 사위들과 딸들 손주들 모두 한동네로 끌어모아 옹기종기 살고 있다. 주말이면 15식구가 굽고 먹고 마시고 손자들의 통기타에 맞춰 팝송을 부르며 정답게 즐거움을 나눈다.

어느 날 큰손자가 툭 한마디 했다.

"게임이나 컴퓨터의 기본 메모리는 짝수 16비트인데 홀수인 우리 가족은 불완전한 것 같지 않아요?"

손자는 가족 수에 대한 개념조차도 디지털의 원리를 근거로 했다. 나는 즉시 세 딸에게 지극히 아날로그적인 준엄한 명령을 내렸다.

"홀수인 우리 숫자는 어쩐지 안정치 못하고 마음도 편치 않다. 세 딸 중에 누가 아들 하나만 더 낳아 짝수를 만들도록 하라."

지엄한 할아버지의 명령에 딸들은 난리 소동을 일으켰다.

"아니, 아빠! 우리가 오십 고개를 바라보는데, 웬 뚱딴지같은…."

그때 할머니가 재빨리 나서서 이 상황을 한마디로 수습했다.

"영감, 영감님만 죽으면 바로 디지털 짝수 14비트가 되네요…."

할머니는 디지털 앞에서 반쪽을 배반했다. 디지털의 현장은 내게 여전히 낯설다. 손자들과 맥도날드로 주전부리를 사러 갔다. 그림패널에서 원하는 것들을 손가락으로 짚고 카드로 결제하는 디지털 주문인데 아날로그 할아버지가 어영부영하는 동안 초등학교 어린 손자가 빠른 솜씨로 깔끔히 해결했다.

며칠 전에는 할아버지가 식구들에게 한턱내기로 하고 맛집으로 소문난 레스토랑으로 달려갔다. 입구에는 손님들이 줄을 지었고 전광판에 웨이팅 정보를 넣어야 하는데 디지털에 겁먹은 할아버지는 손자들 뒤에 숨어버렸다. 디지털 현장에서 아날로그 할아버지는 어쩔 수 없이 위축된다.

능력이나 부의 기준도 달라졌다. 나이나 경력 또는 폭력 등에서 나왔던 큰 힘이 이젠 디지털에서 나오고 있다. 이처럼 빠른 속도의 세상을 따라잡지 못하면 큰 곤란을 겪게 된다. 자연의 사계절 속에서 아날로그로 살아온 나로서는 디지털이 점점 두렵다. 엊그제의 핸드폰이 스마트폰으로, 카톡과 페이스북을 겨우 터득하니 인스타그램이 어깨 위로 올라탄다. 시대의 흐름에 따를 능력이 없어 아날로그 방식만 고집하니 그래서 디지털 세대가 꼰대라고 불리나 보다.

　디지털이 태어나기 전에는 기다림의 초조함과 낭만도 있었다. 지금은 기다림과 인내는 모두 사라지고 빠른 결과만을 선호한다. 데이트를 마친 연인들까지도 돌아서기 바쁘게 핸드폰으로 사랑의 느낌을 재확인하지 않으면 불안해지는 세태가 되었다. 키보드를 두드리는 손끝에 모든 정보와 지식이 줄을 잇는 현실이지만 손주들과 정보를 교환하며 깊은 대화를 나누기는 쉽지 않다. 인터넷 사용 습득 속도가 느리니 아날로그적 잔소리만 늘기 때문이다. 손주들을 향한 할아버지의 옛 무용담이나 단체장 시절의 과거사는 저들에게 전설일 뿐이다.

　세월의 흐름에 따라 항아리는 아날로그에서 디지털로 바뀌었지만, 그 안에 담을 내용물은 어느 시대나 사람을 행복하게 만드는 일이었다. 그 일을 위해 부단히 노력하는 이들을 앞선 사람이라 부른다. 언젠가 후손들이 뿌리를 찾을 때 이민 첫 세대의 주인공으로 조상이라는 일컬음을 받게 될 것이다. 미국에서 태어난 손주들에게 나와 할머니는 어떻게 비칠까? 후대들이 조부모는 어떤 삶을 살았는가를 살필 때 앞선 사람은커녕 부끄럼을 주는 세대가 될까 안타깝다. 디지털이란 새로운 세계로의 접근이 두려워 아날로그만 고집한 융통성 없는 세대로 여길까 염려된다.

추석을 맞아 송편을 빚어 먹자는 할머니의 의견에 디지털 손주들은 손을 내저으며 핸드폰으로 피자를 주문해서 먹잔다. 이에 컴퓨터와 스마트폰에 깊이 물든 손주들에게 할아버지는 디지털로는 범접할 수 없는 된장찌개와 비빔밥의 맛도 전수하고 무엇보다도 삶의 양식만큼은 아날로그의 포근하고 아늑함으로 살도록 정직과 마땅함과 마땅치 않음도 가르치고 싶다.

손주들은 세월에 의해 디지털 문화 속에 살 수밖에 없을지라도 느림과 여유, 생각, 아름다운 자연이 있는 아날로그에서 쉼을 얻어 디지털의 삶을 극복하기를 원하는 것이 이 할아버지의 바람이므로.

사랑하는 맏사위 심영상 집사 장례식에서

　사랑하는 성도님들, 친지 여러분. 오늘 우리는 내 사랑하는 맏사위, 故 심영상 집사를 떠나보내며 깊은 슬픔 속에 함께 모였습니다. 부모로서 자식을 앞세운 슬픔은 말로 다 표현할 수 없이 가슴이 미어집니다. 항상 밝고 긍정적이었던 사위가 이제 우리 곁에 없다는 현실을 받아들이기 힘듭니다. 그가 남긴 빈자리는 너무나도 커서 무엇으로도 채울 수 없을 것입니다.

　나의 맏사위, 아내의 남편, 세 아이의 아버지였던 그는 지난 2월 3일 새벽 3시에 겨우 45세의 젊은 나이에 갑작스러운 심장마비로 하나님의 부르심을 받은 것입니다. 사랑하는 성도님들, 친지 여러분, 우리 가족의 슬픔을 함께 나누어 주시고 위로해 주셔서 진심으로 감사드립니다.

조사(弔詞)

　사랑하는 어머니, 동생들, 아빠의 친구분들 그리고 교회 성도님들, 저는 이 자리에 누워계신 故 김영상 집사 장남, 고교 1년생 윤기입니다. 이 자리를 빌려, 하늘나라로 먼저 가신 아버지께서 우리 가족에게 어떤 분이셨는지를 나누고자 합니다.
　지금도 아버지의 환한 모습이 떠오릅니다. 아침마다 저희를 학교에 데려다주시며 "좋은 하루 보내!"라고 말씀해 주시던 아버지, 늦게 퇴근하셔서도 우리를 품에 안아주셨던 아버지 덕분에 우리는 정말 행복했습니다.
　가족이 함께 식사할 때면 돌아가면서 식 기도를 드렸고, 잠들기 전에는 어머니나 아버지가 번갈아 가며 기도해 주셨습니다. 아버지는 우리 가족의 결정을 현명하게 내려주셨고, 짜임새 있는 살림으로 가정을 잘 돌봐주셨습니다. 주일이면 아침 일찍 우리를 깨워 교회로 데려가 예배를 드렸고, 오후에는 가족 모두가 함께 악기를 연주하며 하나님을 찬양했습니다.

아버지를 통해 저는 하나님을 깊이 섬기는 멋진 신사가 되고, 아름다운 가정을 이루는 꿈을 꾸기 시작했습니다.

저는 미래를 향한 꿈을 꾸기 시작했습니다. 나도 커가며 아버지처럼 하나님을 마음 깊이 섬기며 멋진 신사가 되어 엄마같이 아름다운 여인과 가정을 이뤄 예쁜 아기들과의 행복한 가정을 이뤄 아버지에게 자랑하고 싶었습니다. 지난 금요일 새벽, 응급실에서 생을 마감하시는 순간에도 아버지는 밝은 모습이었습니다. 저는 아버지의 아들인 것이 얼마나 큰 축복인지를 알고 있습니다.

끝으로, 어머니께 특별한 감사를 드리고 싶습니다. 어머니는 항상 아버지 곁을 지키며 존경하고 섬겨주셨습니다. 우리 세 남매를 사랑으로 키워주시고, 주님과 올바른 관계를 강조하신 어머니 덕분에 우리는 무럭무럭 아름답게 자라날 수 있었습니다.

어머니, 이제 우리 남매는 어머니가 필요합니다. 아버지께서 남기신 빈자리를 채우기 위해 최선을 다할 것입니다. 우리는 아버지의 기억을 소중히 간직하며 살아가겠습니다.

사랑하는 동생 준기, 혜빈아, 우리도 아버지처럼 신실하게 살아가자. 아버지가 남기신 믿음의 유산을 우리 자녀들에게, 그다음 세대에 대대로 물려주자.

우리 마음속 깊이 자리 잡은 롤모델 아버지를 기억하며, 아브라함의 품에 안기신 아버지를 생각하며 눈물을 닦자. 아버지, 천국에서 다시 만날 때까지 매우 그리울 것입니다.

늘 아버지를 생각하며 살아가겠습니다.

2017년 2월 10일
사랑하는 아들, 윤기 드림.

절박했던 순간에서의 희망

우리 집 울타리 안으로 너무 큰 소용돌이가 넘쳐 들어 왔다. 갑작스럽게 우리 곁을 떠난 사랑하는 맏사위의 일로 인해 식구들의 삶은 무척이나 무거워졌다. 우리 온 가족 15식구는 일상에서 벗어나 몸과 마음의 긴장을 풀고자 아이들의 짧은 봄방학을 이용해 3박 4일간의 멕시코 크루즈 여행길에 올랐다.

아침 해가 돋을 때, 우리 식구는 갑판에 올라 태평양 한복판에서 「주 하나님 지으신 모든 세계」를 마음껏 합창했다. 그리고 하나님의 신묘한 창조에 감사하여 경건한 마음으로 가정 예배를 드렸다.

우리는 때때로 절망적인 상황에 부닥치면 그것을 지옥에 비유하고, 반대로 몸과 마음이 평안한 환경에 놓이면 천국에 있는 듯한 착각을 한다. 이 여행은 잠시나마 근심 걱정 없는 에덴 같은 시간이었다. 모든 일을 배의 선장과 승무원들이 책임져 주었고, 우리는 그저 평안하게 쉬고 즐기기만 하면 되는 여행이었다.

그러다 보니 우리의 역할은 뱃사람들에게 뺏기고 물질문명의 마력에 빠져들기 시작하여 평안과 편안도 구별하기 힘들었다. 만약 이런 금수저 같은 삶이 계속된다면 인간의 영육에 심한 재앙이 될 것 같았다. 크루즈의 결말은 우리가 처음 선박에 오른 LA의 항구에 되돌려 놓는 것이고 그날부터 우리 아이들은 다시 학교로 어른들은 일터로 달려야 한다.

멕시코에서 LA로 돌아오는 마지막 날 밤, 거대한 카니발 크루즈호의 중앙 로비에서 팝 캐주얼 차림의 8인조 악단이 연주하는 감미로운 팝송을 감상하던 중, 갑자기 배 전체가 깜깜해지며 블랙아웃이 되었다. 비상구와 피난길을 유도하는 호박색 꼬마전구들만이 반짝이기 시작했다.

승선 첫날 저녁, 수천 명의 승객을 여러 파트로 나눠 로비와 식당에 모으고 유사시의 대처 사항을 지루하게 설명할 때, 영어가 서툰 나는 하찮게 들었던 것을 후회하며 급히 가족들을 불러 모았다.

한참을 두려움 속에서 지난 후에야, 선장의 짤막한 코멘트가 스피커를 통해 울려 퍼졌다. 메인 엔진의 고장으로 전력 공급이 차단되었지만, 복구 중이며 멕시코 해안에서 불과 몇 마일의 거리이므로 염려 말라는 말이었다. 그러나 승객들의 마음은 누구도 선장의 말을 믿지 않는 듯 여전히 불안했다.

열다섯 식구의 크루즈 여행을 고집한 나 자신을 탓하고 후회하며 갑판으로 올라가 사방을 둘러보았다. 끝없는 수평선만 보일 뿐, 섬처럼 당당하고 거대해 보였던 크루즈 여객선은 태평양 한복판에서 호숫물에 떠밀리는 낙엽처럼 애처롭게 높은 파도에 떠밀리고 있었다. 이때 영화 「타이타닉호」의 침몰 장면이 머릿속에 떠올랐다.

고개를 높이 들어 하늘을 올려다보며, 이 절박한 상황 속에서 내가 무엇이기에 이런 경험을 하게 되는지를 생각하게 되었다. 짧지 않은 시간이 지난 후, 휘황찬란한 불빛들이 선박의 내외를 밝히더니, 운행 첫 시간부터 줄곧 신경 거슬리게 으르렁거리던 터빈 엔진 소리가 이제는 반가운 소리로 들렸다. 거구의 유람선은 LA 롱비치를 향해 밤새껏 내달음치기 시작했다.

이 경험을 통해 나는 인생이 아무리 험난한 바다를 항해하여도, 주님의 옷자락만 붙잡으면 천국의 삶을 누릴 수 있다는 깨달음을 얻었다. 그래서 다윗왕은 처절한 위기 상황에서도 "내가 사망의 음침한 골짜기를 다닐지라도 해를 두려워하지 않음은 주께서 나와 함께 하심이라"라고 했나 보다.

짧은 시간에 많은 굴곡을 겪게 하신 주님께 감사드렸다. 앞으로의 나날들은 주님이 선장 되시는 방주 안에서 「내 영혼 평안해」를 마음껏 찬양하며 살아가고 싶다. 이 경험은 우리 가족에게 큰 위로와 희망을 주었고, 우리는 다시 일상으로 돌아와 새로운 다짐으로 살고 있다.

들국화 세대

들국화 차 한 잔의 옅은 향이 황혼빛에 물든 나의 마음을 일렁이게 한다. 도로변이나 야산 잡초들 틈에서 무리 지어 피어난 들국화를 볼 때마다 어쩐지 마음이 끌렸다. 그 이유는 들국화를 통해 온갖 풍상을 겪은 우리 세대의 모습을 보았기 때문일 것이다.

일제 강점기에 부모님은 만주 땅 심양의 붉은 벽돌집으로 이주했고 내가 막내로 태어나 아장아장 걸을 때 조국은 광복을 맞았다. 중국말로 소꿉놀이할 즈음 대륙은 차츰 붉게 물들어 우리 가족은 삶의 터전을 그대로 놓은 채 다급히 만리장성을 넘어 서울로 철수했다.

남대문 초등학교에 입학한 지 석 달 남짓 6·25가 발발하여 맏형님은 전쟁터로, 남은 가족은 온갖 역경을 뚫고 부산까지 밀려 내려갔다. 싸움판의 확대로 우리는 갈매기를 따라 땅끝 제주까지 날아가 시장통에 나앉으신 부모님의 고생을 눈으로 보고 피부로 느끼며 세상을 배웠다.

휴전이 성립되고 환도 후 서울은 예전 상태로 회복되고 있었지만, 사회는 가난하고 혼란스러웠다. 고교에 진급하자 4월 19날 교문을 몸으로 막으시던 선생님들과 빨리 나와 힘을 합하라는 고려대 형님들의 성화에 이유도 모른 채 우리는 독재 타도만 따라 외치며 중앙청 앞까지 따라나섰다. 지축을 흔드는 총소리와 피 흘리며 쓰러지는 형들의 비명에 혼비백산 되어 흩어졌다.

졸업반이 되어 대학입시로 마음 졸이던 5월 16일 아침, 우리 땅은 온통 군화 소리와 총소리로 뒤덮였고 군부가 혼란한 사회의 질서를 잡기 시작했다. 체력이 국력이라며 대입고사까지도 사지선다의 단순화와 턱걸이, 달리기 등 체능 점수로 선발토록 엄명을 내려 나처럼 운동신경 둔한 학생들에게는 먹구름이었다.

대학의 문턱을 넘자 격렬한 한일회담 반대 시위로 조기 방학에 들어갔고 이듬해에는 반정부 시위로 위수령을 선포하여 학생들의 학교 출입이 통제받는 해프닝으로 정상적인 수업은 받아보지도 못한 채 징집영장 받고 군에 입대했다.

군복무 시절, 울진과 삼척으로, 그리고 김신조를 앞세워 청와대로, 무장 공비들의 침투는 줄을 이었다. 같은 시기 월남의 전투는 점점 격렬해져 태극기를 둘러 감고 전사로 돌아온 고교동기생, 지뢰를 밟아 발목 잘린 마을 친구의 무용담으로 밤을 지새웠다.

군 제대하고 복학하여 졸업할 때까지 매해 이어지던 젊은이들의 유신반대 데모와 힘으로만 대처하려는 권력 사이의 빈번한 휴교령으로 변변한 실력도 쌓지 못하고 졸업한 채 미국계 반도체 회사에 기술직으로 입사했다.

친구들의 부러움 속에 가정을 이뤄 귀여운 딸들도 얻고 꿈꾸던 주공아파트 청약도 당첨되어 제법 살만하였다. 그러나 DMZ에서 북한군의 도끼 만행사건, 육여사 저격, 박대통령 서거, 광주항쟁 등 꼬리를 잇는 시국사건으로 본사는 위험지역의 한국지사를 철수하기 시작했다. 허탈감에 빠진 나는 이를 계기로 더 넓고 할 일 많은 해외로 나가 살아보고 싶은 충동에 빠졌다. 그래서 땅덩이가 큰 나라마다 모두 문을 두드려 보았지만, 브라질만이 유일하게 나에게 문을 열어주었다.

물설고 낯선 남미 땅에서 커피색 얼굴들과 안 통하는 언어로 온종일 땀 흘리며 이민의 삶을 꾸려 가는 일은 생각처럼 쉽지 않았다.

벤데돌이란 명칭의 의류 행상으로 시작하여 옷가게로, 의류 도매상과 원단수입상까지 발 빠르게 업그레이드했다. 그러나 널뛰듯 변동하는 경제정책과 남미의 IMF 돌입, 과도한 환율변동과 세금 공세로 손을 들지 않을 수 없었다.

나의 세대는 신작로 섶에 돋아난 한 무리의 들국화 세대라 생각된다. 조그마한 한 송이의 들국화를 피우기 위하여 하루도 쉼없이 오가는 육중한 트럭들의 엔진 소리를 참아 내고 여름의 불

볕더위와 겨울 폭설에 시달리면서도 꿋꿋이 살아내기 때문이다.

우리는 서양 땅 평화로운 마을에서 태어나 천수를 누리며 살아간 사람들 두세 세대의 몫에 버금가는 사건과 문제를 품에 안고 험한 세월을 헤쳐왔다.

삶의 전환기마다 큰 위기를 경험한 세대이다. 초대 대통령으로부터 20대 현재 대통령까지 평행으로 함께 달렸지만, 주류 세대와의 경쟁에 밀려 사회의 뒷자리에 눌러앉은 세대이기도 하다. 그 이유는, 내가 자초한 갈등과 고난보다도 내 의지와 관계없는 정치적 사회적 환경요인으로 인한 곤경과 고통이 우리의 삶을 지배했기 때문이다.

이제, 인생의 후반전도 지나고 짧은 연장전 같은 은퇴기에 들어서서 더는 물러날 곳 없는 미국 캘리포니아 땅으로 옮겨와 여덟 손주의 성장을 뒷받침하며 뜻있는 세월을 보내고 있다. '성공'을 향해 질주하던 지난날의 삶에서 요즘은 미래의 꿈을 심어주는 할아버지가 되어 자녀 손과 이웃의 본보기로 살도록 탈바꿈하려 마음먹었다.

그 힘겨운 여정을 통해 보잘것없는 들국화 같은 인생으로 피어난 까닭이나 근거는 하늘이 우리 세대에 맡겨준 중대한 뜻이 있을 것이기 때문이다. 이는 과거만을 품고 사는 슬픈 회상이 아니라, 지난날의 가치와 오늘까지 쌓아 올린 노력과 땀을 승화시켜 앞날을 비춰주는 거울이 되라는 사명이다.

꿈과 희망을 잃어가는 젊은이들을 만나면 그간 보고 듣고 느끼고 체험하며 가슴속에 녹여놓은 들국화의 엑기스를 하나도 남김없이 긁어내어 그들 성장에 밑거름으로 뿌려주어야 할 것이다.

불확실성과 인공지능시대를 맞아 세속에 물들어가고 있는 고국과 미국 땅의 신세대들에게 비록 옅은 들국화의 향이지만 그들의 장래가 좀 더 향기로울 수 있도록 도움 줄 수 있으리라 믿는다.

한 해를 마무리하며

어린 시절, 우리 집에서는 흑백텔레비전으로 보던 미국영화가 내게 꿈과 희망을 주었다.

성탄절이면 성경 이야기처럼 아기 예수의 탄생을 축하하는 장면, 작은 거실에서 가족들이 둘러앉아 벽난로의 따뜻한 불빛과 반짝이는 크리스마스트리 아래 쌓인 선물들, 모두가 함께 노래하던 순간은 마치 유토피아처럼 내 마음속에 자리 잡았다.

강아지와 함께 온 식구들이 난롯가 소파에 둘러앉아 아빠의 기타 반주에 맞춰 크리스마스 캐럴을 합창하던 장면은 내 뇌리에서 사라지지 않은 꿈같은 유토피아였다.

중국 땅에서 태어나, 한국에서 장성하고, 브라질을 거쳐, 미국 땅을 밟을 동안 성탄절이 다가올 때마다 나는 그 영화 속 장면을 떠올리며 행복한 순간을 상상하곤 했다.

수십 년이 흘러, 남가주에는 성탄절마다 벽난로에 불을 지피지 못할 정도의 온난한 날씨가 이어지고 있다. 우리 집 거실에는 화려하게 반짝이는 키 높은 크리스마스트리와 바닥에 쌓인 선물 더미 그리고 그 앞에는 싸리나무를 엮어 만든 중국제 루돌프 사슴 한 쌍을 세웠다.

여덟 손주를 중심으로 흰 강아지와 온 식구가 둘러앉아 할아비의 기타 반주에 맞춰 「고요한 밤 거룩한 밤」을 시작으로 여러 캐럴을 힘차게 합창했다.

선물을 서로 주고받으며 감동적인 순간도 연출해 보았지만, 시대의 변화인지 이상과 현실의 차이인지 나에게는 낭만보다 현실적인 크리스마스 파티였다.

연인 시절, 우리는 예수님의 사랑을 바탕으로 영원히 변치 않는 사랑을 약속했다. 결혼 후 나는 힘써 일하고 아내는 아이들을 키우며 밥 짓는 평범한 일상의 행복을 꿈꾸었다. 세월이 흐르며 젊은 날의 풋사랑은 이해와 신뢰로 변해갔고, 우리는 평범한 삶 속에서 사랑의 열매를 이어갔다.

미국 사람들은 생일날, 한인들은 설날 떡국 먹으며 나이를 한 살 더 먹는다. 그래서 내일 내가 맛있게 먹을 따끈한 설 떡국 한 그릇 속에는 팔순이라는 곰삭은 깊은 의미가 담겨 있을 것이다.

남가주의 창밖 풍경은 다시 녹색으로 짙어지고 있다. 이제는 혀끝에서 감도는 단맛보다는 숙성된 믿음의 맛과 그윽한 감사의 향이 우러나는 세월의 열매를 자녀 손들과 나눌 때가 온 것 같다.

오늘의 소망은 물질이나 명예가 아니다. 남은 날 동안 주님의 사랑과 은혜를 나누며 여정을 마무리하고자 하는 것이다. 자녀 손들과 모자람 없는 사랑을 나누다가 "우리는 참 행복했소!"라며 둘이 나란히 천국 문에 들어설 수 있기를 기도하는 일이다. 그러나 마지막으로 풀어야 할 숙제가 남아있다. 한국과 미국, 두 조국을 가슴에 품고 태어난 여덟 손주에게 인생의 내비게이션 역할을 하는 일이다. 저들이 삶의 갈림길을 만날 때마다 어떤 길을 선택해야 하는지를 어린 시절부터 가르쳐야 한다.

세상에는 자기를 죄인으로 여기는 이들과 자기를 의인으로 자신하는 두 그룹이 섞여 사는 것이 현실이다. 우리의 손주들이 창조주를 섬기며 여러 그룹의 사람들을 포용하고 화합하는 '화목동이'로 성장해, 역사를 함부로 뒤바꾸지 않고, 두 조국을 위해 헌신하는 신실한 지도자들이 되도록 기대한다.

마지막 사명

어릴 적, 오 부자 집의 막내였던 나는 엄마의 치마폭을 붙잡고 남대문시장까지 졸졸 따라가며 지루하다고 칭얼거리곤 했다. 엄마가 사주신 찰떡을 입안에 가득 넣고 삼키려다 목에 걸려 캑캑거리며 엄마를 애태우게 했던 기억이 아련하다.

이제는 주말마다 아내와 함께 어린 손주들까지 데리고 한인 상점을 순례하며 카트를 끌고 다닌다. 상점에 들어서면 오늘의 상품을 소개하는 아르바이트 아줌마들의 힘찬 목소리가 울려 퍼지고, 활기찬 모습이 무척 인상적이다. 그곳에는 전복과 멍게, 조기와 갈치 그리고 달래와 냉이, 말린 수세미와 막걸리까지 고국의 다양한 상품들이 즐비해 반갑고 정겨운 마음이 울컥 솟는다.

이민으로 모인 미국 땅에서 한인 상점은 고달픈 타향살이의 애환이 녹아있는 곳이다. 있을 건 다 있는 그곳에서 아련한 고향의 냄새와 싱싱한 생동감을 마음껏 느낄 수 있지만, 한 가지 부족한 것이 있다면 내 지갑 속에 고이 접혀있는 대통령 얼굴이 인쇄

된 배추 잎사귀 색깔의 달러뿐이다.

　요즘 마켓에서 가장 가격이 저렴한 식품은 1불에 두 다발이나 주는 무청이다. 희고 통통한 무의 머리에 붙어있던 무청은 밭에서 잘려 나와 함께 자란 무밭 친구들과도 헤어지고 홀로 서지도 못하는 늙은 몸이 되어 무청이란 이름으로 팔리지만, 구수한 맛의 시래기 된장국이 되는 것을 자기의 마지막 사명이라 여길 것이다.

　나뭇잎은 단풍 들어 떨어질 때가 가장 아름답고, 감나무는 주렁주렁 황금색으로 익어갈 때가 가장 아름답다. 햇빛도 서산에 지는 해가 제일 아름답고, 인생 역시 황혼기가 아름답고 보람 있는 때라는 예찬론자들도 있다.

　노년은 온유하고, 겸손하고, 인격이 완숙하여 아름다워질 때라는 것이다. 그러나 이민자들이 노년에 아름다운 빛을 발하며 보람 있게 산다는 것은 현실적으로 쉬워 보이지 않는다. 아름답다는 것은 겉모양이 추하지 않으며, 보람이란 이웃에게 무청 된장국처럼 얼큰하고 구수한 향기를 풍기는 삶이기 때문이다.

　고향 떠나 강산이 네 번이나 변한 지금, 입가에서 까칠하게 발음되는 캘리포니아의 낯선 오렌지카운티에서 산불과 지진이 뒤따르고 여러 색의 얼굴들과 심심찮게 마주친다.

　마을의 아담과 이브 닮은 사람들도 일터에서 구슬땀 흘리고 돌아와 앞뒤 뜰에 주렁주렁 매달린 황금색 단감과 오렌지를 올려다보면서도 일용할 양식을 걱정하는 땅, 그 마당 한구석에 버티고 서 있는 나는 무엇인가?

뉘엿뉘엿 넘어가는 석양을 바라보며 전쟁과 가난, 이민의 힘겨웠던 과거를, 또는 어느 한때의 화려했던 날들을, 닥치지 않을 미래의 걱정은 내려놓는다. 자녀들과 이웃에게 애물단지가 되지 않기 위해 익힌 지식과 닦은 지혜를 아낌없이 전달하며 공경받는 황혼이 되어야 한다는 중압감이 점점 부담으로 변해간다.

손때 묻은 흙 한 덩이를 불 속에서 구워내면 도자기가 된다는데 정(情)과 한(恨)이 엉겨 붙은 내 한 삶을 노(爐)에 넣어 달궈내면 그 무엇이 남을까? 그런 고뇌로 잠 못 이루던 어느 날 밤, 꿈속에서 환상과 비전이 보석처럼 내 눈에 비쳤다. 팔순 고개를 넘어서야 내 눈에 보석이 보였다. 보이지도 않고 관심도 없어 잊고 있었던 보석은 무척이나 아름다웠다. 전에는 잡석인 줄 알고 방구석에 두었는데 다시 보니 틀림없는 보석들이었다. 조금씩만 잘 닦아주면 훗날 지구촌에서 보기 드문 값비싼 보석으로 소문날 것이 확실하다.

그날엔 오색영롱한 보석들이 만나는 이마다 선한 창조의 빛을 나누어줄 것이다. 그리고 이 아름다운 보석들, 우리의 자녀 손들은 소돔 같은 이 땅에서 여호와의 단을 다시 수축할 것이다.

이제 하늘로부터 어떤 요구를 받고 있음을 느끼는 한, 어제의 추억 속에 안주하기보다는, 인생의 시래기가 되어 주어진 마지막 사명을 잘 감당하는 향기로운 삶을 살아야 할 것이다.

격세지감

얼마 전, 우리 가족은 코로나에 지친 마음을 바닷바람으로 쓰다듬으려 헌팅턴비치로 달려갔다. 황금빛 모래벌판에서는 금발의 남자들이 마스크를 쓴 채 독수리, 공룡, 비행기 형상의 '연'들을 날리고 있었다. 그 연들은 하나같이 플라스틱 뼈대에 비닐을 입힌 공산품으로, 길게 늘어진 꼬리를 휘날리며 바람에 몸을 맡기고 있었다.

가난했던 부산 영도에서 피란 생활을 하던 시절, 놀잇감이 별로 없어서 연날리기가 우리의 유일한 즐거움이었다. 철 지난 신문지와 대나무 연살만 있으면 '까불쪽지'라 불리는 꼬리 긴 가오리 모양의 연을 만들 수 있었다. 솔솔 부는 바람에는 쉽게 날아올랐지만, 바람이 약한 날에는 연줄을 손가락에 걸고 고갈산 등성이를 달려야만 떠오른다.

연날리기에 푹 빠졌던 나는 마침내 형님들이나 아저씨들도 다루기 힘들어하는 직사각 '방구연'을 혼자 만들고 날리는 경지에 이르렀다. 창호지에 물감으로 태극마크를 그려 넣은 후 얇은 대나무 살 다섯 개를 십자와 곱표로 서로 교차시켜 채색된 창호지에 풀을 발라 붙이면 완성되었다.

'연의 왕' 격인 '방구연'은 무척 가벼운 직사각이어서 무게중심이 약간만 벗어나거나 연살의 휘어짐이 서로 균형이 맞지 않으면 연은 나는 듯하다가 빙글빙글 곤두박질치며 땅으로 떨어지기 일쑤였다. '방구연'은 내 의도대로 방향과 높낮이를 어느 정도 조정할 수 있기에 공중곡예도 할 수 있고 가까이 떠 있는 이웃의 연실 위에 내 연실을 얽어 상대의 연실을 끊어 저 멀리 남쪽 바다로 날려버리는 연싸움도 가능했다.

서로들 연실을 강하고 날카롭도록 아교풀에 유릿가루를 섞어 명주실에 입혀 날카롭게 하는데 이때 재료배합의 비율은 서로의 비밀이었다. 또 '얼레'라는 연실 감는 사각 방아가 손에 길들어야만 치열한 연싸움을 벌일 때 공격과 후퇴를 재빨리 전환하며 연 날리는 손맛도 톡톡히 느낄 수 있었다.

비치에서 손자들과 '방구연'을 날리며 바람결에 출렁이는 비행의 묘미와 할아버지의 잊혀가는 '연' 날리는 솜씨를 보여주고 싶어 손자들에게 제안했다.

"얘들아, 우리가 직접 종이연을 만들어 하늘 높이 띄워보자."

"할아버지, 힘든 일 하지 마시고요. '드론'을 사 주세요. 하늘에 띄우고 조정하는 일은 '연'보다 '드론'이 더 재미있을 거예요"라고 손자들이 말했다.

내 어렸을 적의 기억과 정서를 손자들과 공유하고 싶었던 나는 '드론'이란 그 한마디로 아련한 추억을 잘라버리는 손자들과 세대 차이를 느끼며 추억이 멀어지는 듯했다.

하늘을 난다는 점에서는 '연'과 '드론'이 다르지 않지만, 창호지와 대나무 가지로 만든 '연'과 최첨단 컴퓨터 기능이 장착된 '드론'은 나와 손자들 사이의 세대 차이만큼이나 다르다. 할아버지로서는 정서보다 최첨단 기술의 편리함에 더 관심을 두는 손자들이 걱정되었다.

컴퓨터와 인공지능의 세상을 살아갈 손자들이 빠름과 무한한 정보, 편리함을 추구하느라 자칫 정서와 창의성, 관계와 영성을 잊고 살까 염려가 되는 것이다. 그러나 이미 이 세대는 인공지능의 세상에 발을 들였고, 그것의 영향은 다방면으로 나타날 것이다. 특히 'AI'는 양날의 칼 같아서 이를 통해 인간이 노력과 수고로부터 해방될 수도 아니면 더 빈곤하고 무력해져 'AI'의 노예로 전락할 수도 있다. 그래서 나는 손자들에게 창의성과 관계성, 순리와 영성에 대해 가르치는 일을 숙제로 삼았다. 나는 평생 나 자신이 삶의 방향을 정하고 하늘 높이 그리고 멀리 날려고 애쓰면서 노년에 이르렀다. 그것은 어쩌면 컴퓨터 같은 과학의 힘으로 정교한 기능의 드론을 띄우고 싶어서 하는 손자들의 방식과 같았다고 할 것이다.

삶을 되돌아보면, 높은 하늘에서 내가 정한 방향으로 멀리 날아보려 했지만, 내 인생의 '연'은 때로는 곤두박질치고 엉뚱한 방향으로 날기도 했다. 순리를 따르지 않은 과욕 때문이었다. 많은 날을 살아보니, 인생은 컴퓨터에 의한 과학적인 계산이 필요할 때도 있지만, 바람과 자연의 순리 또는 신에게 맡길 때도 있음을 알게 되었다. 이 평범한 진리를 세대 차이 나는 손자들에게 어떻게 이해시킬 것인가 고민하게 된다.

나는 오늘도 여전히 꿈을 꾸고 있다. 정확한 지점으로 날도록 입력된 기능을 수행하는 드론이 아닌, 손자들과 이마를 맞대고 창호지에다 대나무 살을 붙이고 태극마크를 그려 넣은 '방구연'을 만들어 비치에 가서 함께 날려보는 것이다.

바람결에 맡겨 날고 싶은 곳으로 날도록 얼레를 풀었다 당기며 역풍이 강할수록 높이 떠오르는 '연'을 체감하고, 온갖 고난과 시련이 인생을 굳세고 건실하게 만든다는 진리를 손자들에게 가르쳐주고 싶은 것이다. 그러다 보면 연이 바람의 순리로 날 듯이, 인생에도 순리가 있음을 깨닫게 될 것이다.

3부

선교(宣敎) _보내 주소서

직접 거두시는 하나님

어느 날, 오다가다 반갑게 만난 목사님께 물었다.
"목사님 교회의 성도는 몇이나 되나요?"
"우리 교회는 성인 약 200여 명이 예배드립니다."
목사님은 자신 있게 답하셨다.
"그러면 성도 중 몇 명이나 십일조를 드립니까?"
"우리 교회 성도들은 모두가 십일조를 드립니다."
목사님은 미소 지으며 답하셨다. 나는 뭔가 다시 확인하고 싶어졌다.
"정말 성도 200명 모두가 십일조 생활을 합니까?"
목사님은 웃으며 대답하셨다.
"200명 중 100명은 교회에 바로 십일조를 바치고, 나머지 성도들은 병원과 약값, 교통 티켓, 사기꾼, 분실물 등을 통해 하나님이 직접 거두어 가십니다."
나는 헐~~~, 순간 놀라 웃음이 터져 나왔다.

30여 년 전, 우리는 상파울루에 이민 짐을 풀고 이민 선배들의 도움으로 중심가 뒷거리에 작고 아담한 여성 옷 가게를 찾아내 권리금을 주고 인수하였다. 그리고 목사님을 모시고 개업 예배를 드렸다.

세월이 흘러 하나님의 축복으로 비즈니스는 차츰 확장되기 시작하여 앞거리 목 좋은 곳에 큰 매장으로 이전하게 되었다. 이에 따라 우리가 그동안 영업해 온 뒷거리 가게는 처분하게 되었다. 중심가 큰 가게의 권리금은 만만치 않았고, 임대계약을 체결하는 날까지 큰 자금을 융통하느라 동분서주했다. 한편으로는 빨리 정리되지 않아 권리금에 보탬이 되지 않는 뒷거리 가게가 점점 짜증스럽게 느껴졌다.

큰 가게답게 예배와 함께 푸짐한 잔치를 벌이며 대형 유리문을 활짝 열었지만, 뒷거리 가게를 인수하겠다고 철석같이 약속한 한인은 개업 날에도 나타나지 않았다. 차라리 원어민에게 내놓으면 더 빨리 해결될 수 있었을 텐데, 의리상 한인에게 주기로 한 것이 후회되기 시작했다. 며칠 후, 가게를 인수하기로 약속했던 한인이 서류봉투에 넣은 권리금을 들고 허둥지둥 달려와서 그간 긴박했던 자기 개인 사정을 하소연했다. 그로 인해 계약이 마쳐 가게 열쇠를 넘겨주고 권리금은 내 책상 서랍에 잠시 보관 보관해 두었다.

퇴근 시간 무렵, 서로 약간의 안면 있는 아마존 지역의 선교사 한 분이 우연히 가게에 들어섰다. 구릿빛으로 그슬린 얼굴에 피곤함이 역력히 나타나 보이는 선교사님은 커피잔을 무겁게 흔들며 그간 치러온 어려운 사정을 이야기했다.

브라질 북동부 아마존강 초입에 자리 잡은 소도시의 리조트 클럽이 경제난으로 헐값에 나왔기에 구두로 계약했다고 한다. 드넓은 뜰 안에는 두 개의 축구장과 부대 시설들이 있어 인디오 선교기지로는 더 이상 좋을 수 없고, 이것을 구입하여 선교를 위한 신학교 설립을 할 예정이라고 했다.

선교사님은 대도시 상파울루로 올라와 여러 날 기독 실업인들을 찾아다니며 리조트 클럽 구입을 위한 모금을 벌였지만, 계약 날이 코앞인데도 아직도 부족한 금액이 있다고 했다. 이제는 너무 피곤하여 포기하고 싶다고 하셨다.

아직도 모자란다는 그 금액을 듣고 나는 그만 기절할 뻔했다. 오전에 받아 지금 내 책상 서랍에 보관된 봉투 속의 권리금과 꼭 같은 액수였고 얼핏 셈해보니 그동안 우리가 미처 다 내지 못하고 지낸 십일조 금액인 것 같았다. 즉시 아내와 결단을 내렸다. 정말로 알토란 같고 붉은 핏덩이 같은 돈봉투인데 아무 말도 못하고 떨리는 손으로 서랍을 열어 오전에 받아 놓은 권리금 봉투를 몽땅 선교사님 손에 들려드렸다.

가게로 들어설 때 축 늘어져 있던 선교사님의 어깨는 불쑥 치솟고 떠나시는 뒷모습은 강하고 담대했다. 기도의 응답을 체험하신, 가벼운 발걸음은 훨훨 나는 듯했다.

땅끝에서

　아담과 이브의 옷은 문명의 첫걸음이었다. 금지된 선악과를 따먹고 부끄러움을 알게 된 그들은 옷이란 문명을 두른 채 에덴에서 쫓겨나 이마에 땀을 흘리며 힘겨운 삶을 시작했다. 그 후 수천 년이 흘렀으나 아직도 문명에 관심 없이 원시인처럼 사는 종족이 있다.
　상파울루에 거주할 때 험준한 정글 속에서 오랜 세월을 인디오와 생활하시는 선교사를 만났다. 미국에서 신학박사 학위를 준비하던 중 하늘의 소명을 느껴 모든 것을 접고 인디오 보호청의 정식 코디네이터가 된 분으로 청동 빛깔의 용모와 언행이 영락없는 인디오였다.
　그를 후원하는 모임에 합류하여 천마일 거리의 선교지역 답사에 지원했다. 인디오는 그들 고유의 문화 속에서 살도록 둬야 한다는 평소 생각을 답사를 통해 확인해 보고 싶었기 때문이다. 인디오 보호청으로부터 받아내기가 쉽지 않은 방문 허가를 통보

받고 말라리아 예방접종 후 상파울루를 떠났다.

　드넓은 브라질의 북에서 남으로 흐르는 아마존강 줄기에는 아담하고 유순한 인디오가 옹기종기 자리 잡았고, 동서로 펼쳐진 내륙의 정글 속에는 기골이 장대하고 호전적인 인디오가 부족을 이뤘다. 선교사의 사역지는 그중에서도 거칠기로 소문난 종족 중 하나인 샤반치 지역이다.

　험상궂은 외양의 그들은 전신에는 문신과 두 귓불이 늘어지도록 날짐승의 깃털을 꽂고 칡넝쿨로 엮은 매듭을 치렁치렁 목에 걸었다. 심한 남존여비의 전통으로 여자들은 남성의 어깨 뒤에 숨어 살고 있었다.

　첫날은 사탕수수밭 사이로 이어지는 고속도로를, 다음 날은 낡은 트럭을 개조한 마을버스를 탔다. 농산물 보따리와 발 묶인 암탉들, 디젤 매연과 비포장도로의 심한 흔들림, 낯선 이방인에 끝없이 말을 걸어오는 승객들에 시달리며 이 여행이 헛짚은 실수인가 하는 후회도 들었다. 셋째 날, 문명인의 끝 마을로 마중 나온 선교사와 반가운 포옹을 하였다. 이제부터는 웬만한 개천과 굴곡 심한 야산을 통과하도록 키 높인 고물 트랙터에 올라타고 정글을 6시간 남짓 굴러가서 30여 분 걸어 올라야 마을에 도착한다고 했다.

　원시림 속으로 빨려들었다. 눈에 보이는 것은 바람결에 흔들리는 초록색뿐이고 귀에 들리는 것은 산새와 풀벌레 소리 그리고 싱싱한 자연의 냄새가 코를 간질였다. 길섶에는 엊그제 태어난 어린나무와 높이도 가늠하기 힘든 조상 나무가 뒤엉키고, 고목들의 껍질에는 이름 모를 난초들이 2~3층 아파트를 짓고 살며 여러 빛깔의 꽃을 자랑했다.

그늘진 계곡엔 몇천 년째 등 꾸부리고 엎드려 길게 잠든 바위들과 그 등에 덕지덕지 씌워진 검푸른 이끼 속에서 갖가지 생명이 우후죽순으로 돋아나는 것도 볼만했다. 수명이 다하여 물가에 쓰러진 나뭇가지들 사이엔 알록달록 열대어들이 대자연의 풍요함을 말해주는 아름다운 낙원이었다. 검은 독수리가 나는 푸른 하늘 아래 이곳저곳 아름드리나무 사이로 불쑥불쑥 내비치는 봉산 탈바가지 같은 보초병들의 모습을 보고 가슴이 졸였다.

마을에 도착하니 볏짚 타는 매캐한 연기와 고구마 굽는 냄새 그리고 아기 울음소리가 함께 어울려 나에게 풋풋한 위로가 되어주었다.

축구장 둘 정도의 잔디마당을 중심으로 오두막 수십여 채가 빙 둘렀고, 삼백여 민생을 보살피는 추장은 몇 나무 기둥 위에 올려놓은 큰 원두막에 살았다.

부족의 예(禮)를 지키려 큰 원두막 모양의 관저 앞뜰 뙤약볕 아래, 부동자세로 한참 서 있자니 건장한 초로의 커피색 추장이 내려왔다. 주민들이 지켜보는 가운데 미소를 머금고 양팔로 나를 덥석 안아 올려 두어 바퀴 허공에 빙빙 돌린 후에야 땅에 내려놓아 주었다.

이 상징은 우리 마을의 방문을 허락하며 체류하는 동안 생명을 보호해 주겠다는 약속으로 둘러선 이들이 박수갈채로 환영했다. 아이들의 축구공과 처녀들의 손거울 그리고 어른들의 낚시 용품과 실 바늘 등 그들에게 필요한 선물 보따리를 풀어 놓자, 그들의 얼굴은 온종일 활짝 피었다.

인류 최후의 땅끝에서 마음껏 울긋불긋 치장하고 문명을 외면한 채 자연과 어울려 벌거벗고 사는 그들의 삶은 내가 그토록 동경했던 에덴의 모습이다.

"왜 인디오를 그 모습 그대로 살도록 두지 않고 개성과 자질을 계발시키며 문명으로 유도하십니까? 그들이 문명을 기대하지도 않고 외면한 이면에는 어떤 뜻과 이유가 있지 않을까요?"라고 선교사에게 볼멘소리로 물었을 때 그는 단호히 대답했다.

"동물은 태어나면 자연스럽게 환경에 적응하며 생존경쟁으로 살지만, 사람도 동물처럼 생존만 잘하다가 죽으면 되는 것일까요? 만일 그렇다면 인간의 존재는 보잘것없이 허무해집니다."

그들은 조물주의 특별 은총으로 햇볕과 물과 양식을 손쉽게 얻을 수 있다. 그러기에 부족함 없이 원시생활을 이어올 수 있었으나 그들이 해결할 수 없었던 고뇌와 좌절은 선교사님이 하늘의 소망으로 이끌어 주고 계셨다. 그리고 저들에게 아담과 이브가 지은 원죄를 예수님의 사랑과 희생을 통하여 가르치며 인간 본연의 모습을 되찾아 주는 사역 중이었다.

선교사는 긴 세월 동안 벌거벗었던 그들과 주변 마을을 순회하며 옷 입는 캠페인을 벌이고 하늘의 사랑을 매일 덧입혀 한 발짝씩 문명으로 이끄는 수고로 자신은 비누처럼 닳아지면서 인디오의 추앙을 받고 있었다.

낮잠 자는 이들을 일깨워 규모 있는 초가를 짓게 하여 낮에는 청소년들 배움터로 밤에는 성인들의 회관으로 주일에는 교회당으로 사용했다. 글이 없는 그들에게 영어의 발음기호를 가르쳐 그들의 말과 문화를 그들의 손으로 문서화하려는 시도는 무관심의 벽에 막혀 고전 중이었다. 반백의 선교사를 통해 우리 민족에게 교육, 의료, 복음을 전한 구한말 서양 선교사들의 모습을 읽을 수 있었다. 그 깊은 정글에서 거의 벌거벗은 근육질의 청소년들이 야생마가 하늘을 향해 포효하듯 낯익은 찬송을 통나무 북소리 장단에 맞춰 거친 음성으로 합창할 때, 또 무슨 죄를 그리도 많이 지었는지 하늘에 참회의 기도를 올릴 때 나는 감격과 흥분의 도가니 속으로 푹 빠져들었다. 근데, 며칠도 못 되어 또 옆 마을 친구들과 죽기 살기로 싸우는가 하면 옥수수나 감자는 물론이고 심지어는 이웃 마을 처녀들까지 훔쳐 온다는 선교사님의 귀띔에 '참 다행이로구나'라고 생각하며 나는 안심했다. 왜냐하면, 천국은 오로지 순수한 그들만의 전유물이라 생각되어 허탈했다가 그들도 나와 똑같은 죄인임에 적이 위안되었기 때문이다.

모기와 풀벌레에 무참히 물어뜯기던 짧은 정글의 생활이었지만 오히려 몸과 마음은 큰 숙제를 푼 듯 개운했다. 인디오 그들에게 문명을 전하는 선교사의 선교 뜻을 이해했기 때문이다.

태초의 에덴은 자연과 순수, 그대로였지만 사람은 조물주로부터 합리적 이성과 사고의 기능을 부여받았다. 사람이란 말뜻은 보람을 찾아 사람다운 삶을 살아야 한다는 표현이다. 사람은 문명을 창조하고 하늘이 내려준 인간성을 되찾아 값지고 넉넉하고 보람찬 삶을 사는 것이 이 땅에서의 에덴을 회복하는 일이라 생각된다. 그렇다면 그곳에 인디오라고 제외될 수 없으므로 그 일을 위한 도움은 누구라도 지속해야 한다.

후원회원들도 녹록지 않은 삶이지만 인디오의 문명적 탈바꿈과 믿음의 삶으로 땅끝에서 에덴을 회복하려는 일에 온갖 지원을 더 하려 두 손을 모을 것이다.

가위바위보의 기적

　브라질 중부 산악의 정글 속, 수천 년 동안 고요히 자리를 지켜온 샤반치 지역의 한 인디오 마을을 선교사와 함께 방문했다. 이백여 명을 통치하는 초록나라 추장님은 외지인의 방문에 민감하게 반응하며, 벌거벗은 주민들에게 앞가리개를 착용하라는 긴급 조치를 내렸다.
　언어가 통하지 않을 때, 보디랭귀지가 최고의 소통 수단이다. 그러나 깊은 산속에서 험한 인상을 가진 그들 앞에서는 몸과 마음이 긴장되어 DMZ의 남북 대표들처럼 긴장되어 한동안 어색했다. 그때, 하늘은 우리와 인디오들을 연결할 수 있는 언어를 내려주었다.
　마을을 가로지르는 시냇가에서 계란 모양의 자갈들을 주워다가, 선교사와 나는 마을 복판 큰 느릅나무 아래 주저앉아 목청을 돋워 "가위바위보"로 돌따먹기 놀이를 시작했다.
　초록 숲속의 젊은이들은 거친 격투기에는 익숙했지만, 자연과 어우러진 순수한 놀이는 서투른 듯했다. 처음에는 벌거벗은 꼬마들이 호기심을 보이며 모여들었지만, 차츰 동네 어른들과 험상궂은 전사들까지 모여들어 우리의 단순한 게임에 정신을 빼앗겼다. 놀이와 함께 어색함은 사라지고, 꼬마들은 괴성을 지르며 자갈을 따먹기에 열광했다. 금세 그들 중에는 달인이 탄생하여 나름대로 자신들의 언어로 교육을 시작했고, 마을 공터는 온통 차돌멩이 도박장이 되어 버렸다.

우리는 이 게임의 매니저로 진급해 팀을 관리하며 "따봉, 따봉"으로 그들의 어깨를 토닥였다. 따먹은 자갈 수만큼 낚싯바늘, 털실과 코바늘, 볼펜, 손거울 등 준비해 간 선물들을 나누어 주었다. 다음 날에는 "묵찌빠"를 전수했다. 온 마을은 서로 높은 위치로 진급하려고 "묵찌빠"의 고함이 진동했고, 이는 우리의 만남을 굳게 심어주며 아주 돈독한 우호 관계를 맺어주었다.

"가위바위보"는 우리 어린 시절 빼놓을 수 없는 좋은 놀이였다. 우리는 동네의 작은 층계나 교회 입구의 계단에서 항상 "가위바위보"로 먼저 오르기를 시합했고, "가위바위보"의 형님뻘인 "묵찌빠"는 청소년 시절의 마법 같은 주문이었다.

총각 시절, 예쁜 처녀들과 서로 잎이 대칭으로 붙어있는 아카시아잎을 먼저 따버리기, 커피값 내기, 열 발자국씩 업어주기의 등의 "가위바위보"는 사랑의 불을 지펴주는 요술 방망이였다.

놀이를 통해 우리는 서로 다른 성향을 발견했다. 가위, 바위, 보에 따라 나타나는 성격적 특징은 마치 예술 작품처럼 다양했다. 이것은 단순하지만, 깊은 진리가 담겨, 바위는 가위를 이기지만, 보자기에는 싸인다. 이는 세상에서 가장 약해 보이는 것이 때로는 가장 강한 것을 이길 수 있음을 상징한다.

뒤집어 보면 항상 당기면 늘어나고 바닥에 깔려도 참아 내어 쓰임을 위해 인내하기에 세상에서 가장 약해서 손해만 보는듯한 보자기가 큰 바위를 이기는 것이다. 이는 십자가 위에서 피를 흘리시며 저들은 자기의 하는 것을 알지 못하니 용서해 달라고 기도하신 주님의 크신 사랑이다.

그 깊고 험한 정글 속에서 만남은 주님의 섭리와 사랑을 깊이 실감하게 해주었다. 작은 돌멩이로 시작한 놀이는 서로 다른 언어와 문화를 넘어 사랑과 은혜가 넘치는 새로운 우정과 특별한 의미를 쌓았다.

보잘것없던 자갈 하나하나가 마치 보리떡 다섯의 기적처럼 느껴지며, 주님께서 마을의 운명을 새롭게 변화시키는 시발점을 직접 눈으로 보게 되었다.

그해 말, 그들의 손으로 시멘트 블록을 쌓아 지은 아담한 성전이 완공되며, 차돌멩이로 시작된 놀이는 예배와 찬송으로 마무리되는 기적을 낳았다.

삶에 가치 있는 것

강력한 지도자 박 대통령은 새마을운동을 제창하였다. 그는 벽지에서 수고하는 새마을 지도자들을 가끔 청와대로 초대하여 만찬을 통해 격려하였다.

대통령은 지도자들을 둘러보며 한 사람씩 물었다.

"내가 당신을 도울 수 있는 일이 무엇인가요?"

"우리 마을과 이웃 마을을 잇는 다리를 놓아 주세요"

"농사용 다목적 트랙터 한 대를 지원해 주세요"

"마을의 저수지를 두 배로 확장해 주세요."

"마을회관을 지을 시멘트를 보내주세요"

대통령은 그 부탁들을 가능한 한 모두 들어 주었다고 한다. 그중엔 시골티를 물씬 풍기는 어느 산골 지도자가 있었다.

"각하, 큰 살림살이에 얼마나 피곤하시유?"

"우리 마을의 하늘과 땅은 무공해유. 논두렁엔 미꾸라지가 뛰놀고 계곡 속엔 참가재가 있으며 산속엔 두릅과 더덕이 자라유. 또 황구(犬)탕과 토속주(酒)가 일품이여유! 가끔씩 내려오셔서 이삼일 머리 식히며 나랏일을 처리하세유. 그것 외에는 각하께 바라는 것이 없시유."

순수하고 지혜로운 산골 지도자의 말에 감동한 각하는 다음 연휴에 꼭 방문키로 굳게 약속하고 만찬은 그렇게 끝이 났다.

야릇한 언행으로 시멘트 한 포대도 얻어내지 못하고 빈손으로 돌아온 그를 향한 마을 사람들의 빗발치는 원망은 참아 내기 힘들었다. 그러나 한 달도 넘기지 못해 기적이 시작되었다.

앞산이 깎이더니 신작로가 뚫리며 전깃불이 들어왔다. 쓰러져 가던 초등학교가 새로 증축되고, 초가집들은 무상으로 슬레이트를 머리에 얹은 번듯한 위생주택으로 개조되었다. 모든 것은 각하께서 자주 들르게 될 마을이라는 이유 때문이었다.

내가 참여하던 봉사 팀은 인디오 보호청의 허락과 현지 선교사의 밀착된 안내로 세상 사람들이 쉽게 방문할 수 없는 브라질 산악지대 깊숙이 자리 잡은 인디오 마을을 방문하게 되었다.

그곳에서 수천 년째 벌거숭이로 살아온 인디오들의 삶은 인간 역사의 원시시대를 방불케 했다. 마을마다 백여 명의 주민들이 축구장만 한 공터를 중심으로 수십 개의 오두막을 빙 둘러싸고 정겹게 살아가고 있었다. 그들 마을에서 추장들의 위력은 대단하여 주민들의 생사권을 장악하는 막강한 힘을 행사하는 존재들이었다.

사흘 밤낮을 함께 묵으며 주변의 여러 마을도 둘러보게 되었다. 추장들을 만날 때마다 깍듯이 인사치레하고 도와주려는 마음으로 물어보았다.

"이 마을에는 무엇이 필요합니까?"

우리의 평범한 생각으로는 '펌프 우물이나 마을회관' 아니면 '교육설비 혹은 의료시설'을 요청받으리라 기대했다. 그러나 추장들의 엇비슷한 대답들은 우리를 실망하게 했다. 추장들은 사심이 없는 듯한 순진한 욕심쟁이들뿐이었다. 고작 현찰 20여 불 정도의 약소한 금액만 달라는 것이다. 이 깊은 산골에서 돈은 어디에 쓰려느냐는 우리의 물음에 '꼬까 꼬라'를 사서 마시고 싶다고 했다.

"이 인디오 보호지역에서 외부까지 나가려면 이틀을 걸어야 하는데요?"

"전령을 보내면 되지! 뭐"

"그러면 누가 마실 건데요?"

"추장인 나만 마시면 되지! 뭐"

물어보던 우리는 입을 다물지 못했다.

대륙의 주인 인디오들은 보호구역이란 넓게 그어놓은 선 안에 갇혀있었다. 육체가 아니라 정신이 갇혀있었다. 아니 스스로 가두어 놓고 있었다. 단언하건대 박 대통령이었다면 그는 보호구역을 불도저로 밀어버리고 지도자들과 주민들의 썩어 빠진 정신을 개조했을 것이다.

앞장서서 나가는 한 지도자의 정신과 지도력이 집단에 미치는 영향은 실로 엄청나다. 좋은 지도자를 만난다는 것은 그 집단의 향후 운명을 결정짓는 중요한 요소일 것이다. 이런저런 생각을 하며 인디오 마을을 돌아 나오는 발걸음이 무거웠다.

지혜를 품은 순결

말씀에서 "너희는 뱀 같이 지혜롭고 비둘기같이 순결하라"는 구절이 이해하기가 쉽지 않았던 어느 날이었다.

브라질 중서부 산악지대의 짙푸른 숲속에서 반짝이는 은하수 아래 모닥불을 피우고 붉은 벽돌색 옥수수를 구우며, 우리는 어느 인디오 마을의 원로들과 깊은 대화를 나눌 기회가 있었다. 선교사님의 통역을 통해 서로의 마음을 열고 이해하는 순간이었다. 이윽고, 선교사님의 고충을 대신해 우리는 추장을 향해 질문을 던져 보았다.

"왜 당신들은 매사 약속을 지키지 않고, 정직하지 못하며, 외부인들에게 적개심을 보이고, 반항적인 성향이 넘칩니까? 또 '아니면 말고' 식의 무책임한 언어로 남을 속이거나, 뻔뻔스럽게도 이간질도 잘 합니까?"

우리의 불만이 섞인 질문에 대한 답변이 걱정되었지만, 험상궂고 기골이 장대한 추장은 예상치 못한 진실한 답변을 해주었다.

"우리 지역의 역사는 수백 년이라오. 그간 강성했던 부족들은 모두 사라졌고, 현재는 몇 안 남은 소수의 부족만이 명맥을 이어 가고 있소. 우리 이웃에도 언어가 다른 여러 부족이 풍족하게 잘 살았고, 그들은 솔직함과 양순함을 미덕으로 후대들을 가르쳐 왔다우."

"하지만, 백인들이 이 땅에 들어와 우리와 자리다툼이 일어났을 때, 양순하고 솔직한 부족들은 모두 멸망하고 말았다오. 우리 부족만은 백인들의 약속은 믿지도 않았고, 강력하게 대처했기에 지금까지도 명맥을 유지하고 있소."

"그들과 싸움에서 이기면 그들은 자존심을 상하게 되고, 또 싸움에서 지면 그들의 논리를 인정해 주는 것이 되기에 힘들었지라우."

"위급한 현실에서는 거세고 야만스러운 수단과 방법으로 맞서다 보니 지금까지도 40여 부락에 일만이 조금 넘는 식구들뿐이라오. 오늘의 우리 핏줄 속에는 그때의 습관과 버릇이 그대로 흐르는 것 같소."

추장의 말은 나에게 큰 깨달음을 주었다. 주님께서 어린양 같은 제자들을 이리 떼 가운데로 보내며 "지혜는 뱀같이 양순하기는 비둘기 같이하라"라고 하신 말씀이 떠올랐다. 지혜와 순결, 이 두 덕목은 상반되지만, 함께 갖추어야만 악한 세상에서 사명을 감당할 수 있다.

지혜만 있는 사람은 그 지혜로 악을 저지를 수 있고, 순결만을 자랑하는 사람은 그 순결이 도리어 어리석음이 될 수 있다. 그래서 지혜를 품은 순결만이 완전해질 수 있나 보다.

현대를 사는 우리는 정신을 차려야 한다. 흰옷을 즐기며 예의 바르고 순결함을 자랑하던 조선은 일본의 부당함을 세계만방에 호소했지만, 현실을 지혜롭게 보지 못하고 군사력과 경제력을 키우지 못한 결과로 나라를 빼앗기고 말았다. 요즘에도 우리는 지혜롭게 대처하지 못하는 경우가 종종 있다. 휴전선에 대북 확성기를 설치하고도 망설이며, 연평도에 포탄이 날아와도, 천안함이 피격되어 침몰해도, 우리는 지혜롭게 대처하지 못하고 있는 듯하다. 훗날, 역사책에는 양순한 지도자들이 지혜롭지 못했다는 평가가 따라다닐까 걱정이다.

뱀같은 지혜가 있어야만 비둘기와 같은 순결을 유지할 수 있다. 비둘기의 순결은 그 자체로 아름답지만, 부주의할 때 그 순결도 끝나기 때문이다. 이는 내가 아직도 고민하는 화두이다.

나는 자녀들에게 지혜에 대한 결단을 내리지 못하고, "너희 중에 누구든지 지혜가 부족하거든 하나님께 구하라 그리하면 주시리라"라는 야고보의 말씀만을 되풀이하고 있다.

오늘의 극심한 경쟁 사회에서 살아남기 위해서는 지혜가 필요하다. 특히 말씀 안에서 양처럼 자란 우리 자녀들이 이리 속에서도 잡혀서 먹히지 않으려면, 하나님이 주시는 '지혜를 품은 순결'로 살아가야 한다. 지혜롭게 살면서 순결을 유지하는 것이 우리에게 주어진 무거운 과제이다.

  우리는 경쟁 속에 살지만, 이 세대를 닮아가서는 안 된다. 외줄타기하는 곡예사가 공중의 줄 위에서 균형을 잡기 위해서 양팔을 벌려 균형을 잡으며 천천히 움직임과 같다. 지혜롭게 살면서 삶의 현장에서 믿음의 순결을 유지하는 것이 우리와 우리의 자녀 손에 주어진 무거운 과제이다.

4부

이민(移民) _아침과 저녁에 수고하여

Paper Flower

40년 전 가을날, 바람에 흔들리는 연분홍 코스모스의 전송을 받으며 큼직한 이민 가방을 끌고 김포공항을 떠났다. 우리 가족은 꼬박 이틀을 비행기 속에서 시달리다 남미 땅 상파울루에 발을 내디뎠다.

아열대기후로 사계절이 따뜻한 그곳은 주민들 말처럼 창조주께서 세상을 지을 때 처음부터 각별하게 신경을 쓴 땅이어서 초록 벌판에 각양각색의 꽃과 과일을 심어주어 에덴의 한 귀퉁이 같았다

마을 공원에 들어서면 유리 돔 속 식물원에 들어온 듯 이름 모를 꽃나무들과 다양한 생김새의 호랑나비들 그리고 작은 호수 주변을 나르는 들새들의 지저귐은 자연과의 조화를 느끼게 해주는 도심 속 오아시스였다. 더욱이 사계절 내내 온통 붉고 푸르고 희고 노란 꽃 뭉치로 둘러 감은 원산지가 브라질인 부겐빌레아 꽃길을 걸을 때는 아름답다는 표현으로는 부족했다. 고국의 벚

꽃길과는 비교하기 힘든 또 다른 맛과 멋이 있었다.

중세기 프랑스의 뱃사람 Bougainvillea가 항해 중 브라질에 표류하였을 때 이 꽃에 반해 몇 그루를 고향으로 가져간 것이 차츰 전 유럽으로 퍼지고 이제는 지구촌 곳곳에서 인기를 얻고 있다. 꽃의 향기는 없지만 넝쿨 전체가 아름답고 정열적이어서 꽃말도 영원한 사랑 또는 환상이라고 불린다.

요즘, 우리 마을을 산책하다 보면 주택의 담장이나 잔디밭 둘레에 갖가지 색깔로 화사하게 피어나 사람들의 시선을 붙잡는 넝쿨 식물 부겐빌레아를 자주 만나게 되고 그때마다 잊을 수 없는 이민 초기의 사연들이 떠오른다.

이 산뜻하고 화려한 꽃 부겐빌레아를 막상 원산지인 브라질에서는 흔히들 종이꽃(Paper Flower)이라는 애칭으로 불리고 있었다. 그 이유는 붉은색, 분홍색, 자주색, 노란색, 흰색 등 다양한 색깔의 꽃들이 만개한 듯 착각을 주지만 실제로 만져보면 종잇장 촉감을 가진 석 장의 신비로운 칼라 잎사귀이다. 그것은 꽃도 아니지만 눈에 띄지도 않는 겨자씨만 한 진짜 꽃을 감싸고 있다.

이 아름다운 칼라 잎사귀는 꽃 뭉치 중앙의 작고 볼품없는 진짜 꽃의 의중을 헤아려 다양한 색깔로 변화하여 중심 꽃과 더불어 꽃다운 삶을 살고 있다. 하여간 이들의 본모습은 꽃이 아닌 이파리지만 꽃으로 변화하기로 결심하는 데 얼마나 많은 갈등과 고민이 있었을지, 그리고 그 변화의 과정에서 얼마나 오랜 고통을 겪었을지 생각하면 정말 대견스럽다.

만약 이들이 진짜 꽃의 뜻을 무시한 채 자기 모습을 변화하지 않고 새파란 잎사귀로 그냥 남아있었더라면 지금까지도 그저 그런 특징 없는 가시넝쿨의 나무였을 것이다.

우리의 삶도 그런 것 같다. 우리는 해와 달이 변할 때마다 새로운 기적을 기대하며 살아가고 있다. 그러나 세월이 우리에게 주는 유일한 선물은 부겐빌레아처럼 작고 연약해 보이는 겨자씨 크기의 진짜 꽃이 우리 마음속에 건재한다는 확신을 시켜줄 뿐이다. 그러면 겨자씨만 한 창조주의 진리를 품고 짧지 않은 세월을 살아온 나는 어떤 색채와 향을 풍기고 있을까?

진리를 질그릇에 품고도 실제로는, 오로지 이성적이고 시각적인 생명체가 되어 아름다운 마음씨도, 사랑의 향기도 없이 이웃들이 머리를 흔드는 어리석은 자로 살고 있지는 않은지?

이제 우리의 가정도, 교회도, 사회도, 정치도, 이 부겐빌레아의 잎새들처럼 지도자의 참뜻을 서로 받아들여 그 뜻에 따라 하나로 뭉쳐 공존하는 세상이 되었으면 좋겠다.

우리는 서로의 모습을 이해하고 받아들이며, 함께 하나로 연결되어 살아갈 때이다. 함께하는 모든 순간이 서로에게 의미 있는 꽃잎이 되어 우리의 삶이 아름다운 꽃밭처럼 피어나기를 소망한다.

주님께서는 "만일 너희가 겨자씨만 한 믿음이 있으면 이 산을 명하여 저기로 옮기라 하여도 옮겨질 것이요 또 너희가 못 할 것이 없으리라"라고 하셨다.

내 마음의 고향

지구 끝자락, 한반도 크기의 갑절, 브라질의 "São-Paulo" 주(州)는 높은 산악 몇과 여러 갈래의 강줄기 외에는 온통 붉은 진흙에 뒤덮인 열대림과 드넓은 초록의 평야로 이루어져 있다. 그 흔한 태풍이나 지축을 흔드는 지진 혹은 쓰나미 같은 천재지변도 찾아오지 못하는 외지고 펑퍼짐한 땅에서 오곡과 과일은 주렁주렁 매달린다.

넓게 펼쳐진 사탕수수밭과 푸른 초원 위에 점점이 널려져 한가롭게 풀을 뜯는 소 떼들이 한 폭의 살아 움직이는 그림을 그려내고 있다. 그 넓은 평야 한복판 산등성에 "São-Paulo" 시(市)가 오뚝하게 자리하고 있다. 서울 남산을 능가하는 높이의 산마을로, 브라질의 얼굴이건만 시골 처녀 같은 수줍음에 수도 역할은 한 번도 못 해본 도시이다.

낙서로 가득 찬 담벼락들과 늙은 비둘기 떼는 과거의 화려했던 영광을 회상시켜 주고, 세월의 흔적이 깊이 새겨진 고풍스러운 건물들과 치솟은 성당 십자가는 경건한 마음으로 성호를 긋게 한다. 비록 고층 아파트와 시원스럽게 뚫린 고속도로가 있지만, 여전히 시내 중심가에서는 주마다 열리는 전통적인 장날이 공존하여 따뜻한 삶의 품격을 느끼게 한다.

장터에는 고기, 야채, 과일, 싱싱한 생선들이 거래되고 의류, 장신구, 생필품, 꽃들은 장꾼들의 손에서 춤을 추며 삶의 활력을 불어넣어 준다. 기름에 튀긴 빠스뗄(만두)과 즉석 수수깡 주스는 장날 분위기를 한결 돋우며 왁자지껄한 흥겨움으로 이웃과 서로 반가운 만남의 광장이 된다. 네거리마다 둥지를 틀고 있는 빠루(Bar)는 내부 장식도, 음악도, 별로 신통치 않은 선술집들이지만 그곳은 낭만과 사교 그리고 새로운 정보와 대화가 오가는 사랑방이다. 몇 개의 간이의자에 앉은 손님들이 한잔 술이나 커피값을 치르면 엉덩이 무거운 이들도 오랜 시간 편안한 대화를 나눌 수 있어 이곳은 시민들에게 안식처이자 정감 넘치는 명소이다.

주말 저녁이면 네거리 빠루마다 커피색의 젊은 남녀들이 빽빽이 둘러앉아 빈대떡만 한 손북에 장단 맞춰 노래 부르다가 박자가 빨라지면 모두 일어나 온몸을 흥겹게 흔들며 청춘의 활기를 마음껏 발산한다.

도시(市)의 심장 지역인 Bom-Retiro는 교민 대다수가 모여 이민의 꿈을 실현하는 곳이다. 여기에서는 한인들이 운영하는 다양한 가게와 뾰족한 십자가의 한인 교회들이 줄을 이루고 있다. 교민들은 이곳에서 의류공장과 소·도매상 수백을 세워 전 국민에게 한국인의 손으로 만든 의상을 제공하고 있다는 보람을 찾고 있다. 그곳은 땅이 넓고 사람은 부족하여 울긋불긋 다양한 인종들이 모여 살면서도 서로를 존중하며 인종차별 없이 착하게 살고 있다.

개천 변이나 산등성이 달동네까지도 전기와 식수를 넣어주는 인정 많은 곳으로, 열 사람 몫을 스무 명이 달라붙어도 흠이 되지 않아 아직도 능률은 잊고 사는 인간다운 따뜻한 향기가 피어오르는 곳이다. 그러나 안타깝게도 사회 전반이 부패, 부조리, 가난, 범죄로 물들어 있는 현실이다. 한인 선교사들을 통한 주의 복음이 간절히 필요하며, 여러 분야에서는 우리와 우리 자손들의 도움과 손길을 기다리고 있다. 그래서 높은 산등성이에 독수리 요새처럼 세워진 이 도시 "상파울루"를 나는 매우 사랑하고 있다.

낮이면 낮대로, 밤이면 둥근 하늘을 분홍빛으로 물들이다가, 갑작스러운 불덩이가 되어 스카이라인을 뚫고 솟아오르는 태양은 잠든 이 도시를 흔들어 깨우고, 또 하루를 활기차게 살아 움직이도록 만든다. 지구촌에서 가장 광활하고 천연자원과 지하자원이 풍부한 나라가 아직도 제 역할을 하지 못하고 있는 것은 마치 기적과 같다.

기독교인들이 종교적 박해를 피하고 신앙의 자유를 누리기 위해 목숨을 걸고 이주하여 세운 미국이 있다면, 많은 황금으로 좀 더 풍족한 삶의 여유만을 갈망하던 유럽인들이 찬송과 감사를 잊은 채 세운 남미 나라들이 오늘을 힘겹게 살고 있다.

오늘도 "땅끝으로 와서 우리를 도우라"고 사명자들을 부르는 소리가 울려오는 남쪽의 나라들, 그중에도 인정이 훈훈한 도시 "São-Paulo"는 내 마음의 고향이다.

주인이자 주인이 아닌 삶

대도시 상파울루에서 생활하는 동안 우리 내외는 주말 아침이면 한인타운 어귀에 자리한 "LUZ" 공원에서 건강을 위해 빠른 걸음으로 땀을 흘렸다. 약 1마일 둘레의 울창한 숲이 보존되어 온갖 들새들의 지저귐 속에 상쾌한 공기를 마음껏 들이키며 떠오르는 태양을 남보다 먼저 만날 수 있다는 벅찬 기분이었다. 그러나 공원 이름 "Luz"는 영어의 "Light"이기에 "밝음"을 줘야 하는데 왠지 공원 내부에 있는 시설물들을 바라보면 과거의 어두운 기억을 되살아나 마음이 우울하고 무거워진다.

공원의 뒤편, 긴 세월에 바래고 비바람에 씻긴 고색창연한 유럽풍의 기차역, 그곳에서 공원 안까지 가로지르는 모자이크 돌길은 역사의 흔적을 간직하고 있다. 돌길 끝 첫 시설물은 굵은 철 기둥 여섯이 한 줄로 나란히 서고 그 위에 붉은 기와지붕을 덮어 기차의 객실 한 칸을 옮겨놓은 듯한 넓이다. 각 철 기둥 사이를 이은 기다란 철봉은 방금 산토스 항구에서 기차로 수송되어 온

아프리카 노예들의 쇠사슬을 걸쳐놓고 대기시키는 간이 휴게소이다.

두 번째 유물은 어른 키 높이의 시멘트 반석 위에 여덟 기둥을 세우고 반구형 지붕만을 얹혀놓아 사방 어디서나 잘 보이도록 설계한 팔각정이다.

"이 튼튼한 근육과 흰 이빨도 보시오! 이런 놈을 어디서 고르겠습니까?"

마치 가축시장처럼 노예들을 선보이며 경매하던 단상이다.

마지막 시설물은 경매장 좌측, 기둥이 많은 흰색 건물이다. 이곳은 기둥마다 자그마한 책상 놓고 앉은 서기가 낙찰된 노예의 인신매매 서류를 작성하던 곳이었다고 한다. 아침 공기를 가르며 조깅으로 이곳을 지나칠 때는 흔하게 들려오는 들고양이 울음소리도 노예들의 한 맺힌 통곡 같아 아픈 기억의 그림자가 느껴진다. 그 많던 흑인들이 비참하고 끔찍한 삶을 브라질의 황토 속에서 마감한듯했지만 결국 드넓은 대륙 대부분을 커피색 피부로 물들였고 그 넋이 삼바 춤으로 되살아나고 있다.

"LUZ" 공원은 우리에게 과거와 현재를 보는 창을 열어주고, 우리가 스스로를 되돌아보며, 미래를 바라볼 수 있게 해준다.

오늘날 지구촌에서는, 브라질을 마지막으로 더 이상 노예 제도를 찾아볼 수 없게 되었다. 그래서 노예라는 단어는 과거의 유품일 뿐이라 생각하지만, 손과 발에 쇠고랑을 차지 않고 포장만 바뀐 또 다른 형태의 노예들이 늘어나고 있다. 현대인들이 좋아하는 주식과 현금, 진보와 보수의 이데올로기, 성적 욕망, 도박과 마약, 심지어는 인터넷과 게임 등이 우리를 노예로 이끌어가고 있다. 이는 현대인들이 자유가 보장되는 물질문명 속에서 자기 이익만을 구하며 단순한 목표에 집착하다 보니 삶의 만족과 보람을 느껴보지 못하고 너무도 쉽게 노예의 삶으로 전락하는 현상도 심각하다. 그래서인지 겉보기가 천국같이 정치와 경제가 안정된 북미 땅에서 살다 보면 "천국을 닮은 지옥"의 삶이고, 반면 정치와 사회가 불균형한 남미 땅의 사람들은 축구나 흥의 발산에 신경 쓰기에 그곳 삶은 "지옥을 닮은 천국"이란 우스갯말이 생각난다.

주인과 노예는 삶을 대하는 태도가 다르다. 주인은 자신의 삶을 스스로 결정하는 특권이지만, 노예의 삶은 오로지 고된 의무뿐이다. 특권 있는 사람의 삶은 대체로 행복하고 즐겁지만, 의무를 감당해야 하는 사람들은 항상 어둠 속에서 불평과 불만을 내쏟을 뿐이다. 여하튼 우리의 삶은 노예 아니면 주인이기 때문이다.

나의 자녀 손들아! 우리는 절대로 세상의 노예로 살아서는 안 된다. 우리가 주인이 되어 살려면 자유와 책임의 무게를 함께 짊어져야 한다.

장미도 아름다운 꽃을 보호하기 위해 날카로운 가시를 돋구듯 자유를 올바로 지키기 위해서는 어디에서 무엇을 하든지 환경이나 사람을 탓하지 않고 마음과 생각의 기본이 주인이어야 한다. 그러려면, 무엇보다도 우리 영혼이 자유자가 되어야 할 것이다.

모든 범죄의 형태에서 발생하는 전염으로부터 자유로워지도록 살아가자. 세상의 가치관이나 인간의 상식으로 창조주를 이해해서는 안 될 것이다. 우리가 지난 삶을 돌아보며 새로워지는 것은 우리의 영원한 여정으로, 주님의 뜻과 그분의 인도 아래서만 이뤄지며 참된 자유를 얻게 될 것이다.

우리의 삶은 주인이자 주인이 아닌 삶이다. 노예였던 성경의 인물, 요셉, 다니엘, 느헤미야 등도 하늘의 진리를 지킴으로 마침내 자유자로 큰 주인이 된 역사를 목격하고 확인할 수 있다. 우리는 세상의 노예가 아니라 하나님을 섬기는 참된 주인으로서 살아가길 희망한다.

축복의 통로

우리 가족이 출석하는 남가주 사랑의교회에서 제정한 올해의 목표는 "축복의 통로"이다. 이는 삶의 우연한 순간들이 예상치 못한 "축복의 통로"로 이어진다는 것을 상기시켜 주기도 한다.

30여 년 전, 상파울루의 의류 시장 한 모퉁이에서 봉제 공장과 도매점으로 자리를 굳혀가던 어느 날이었다. 우리 제품을 받아서 판매하는 소매점들을 둘러보니 우리보다 많은 이윤을 남기는 데 놀랐다. 그때 우리 내외는 시내 중심거리 한복판에서 우리 상품을 직접 판매하고 싶은 욕망이 싹트기 시작했다. 우연히, 구시가지에 대형 쇼핑몰이 들어선다는 신문 기사와 점포 분양 광고를 접하게 되었다. 이 절호의 챤스를 잡기 위해 우리 부부는 며칠 동안 이에 관한 계획을 세우고 하늘이 도와주기를 간절히 바라며 분양사무실을 찾았다.

2년 후, 정초에 개장 예정인 쇼핑몰에 대한 투자 열기는 놀랍게도 대단했다. 높은 분양가에도 불구하고 매장 입구 노른자위에는 이미 삐에르까르뎅, 베네통, 폴로와 같은 국내외 유명 브랜드들이 차지하고 있었다. 그들 틈새에 몇 안 남은 여성 의류 점포를 얻으려는 업주들 간에는 치열한 경쟁이 벌어졌다. 우리는 급히 상호를 "Q-Mania"라는 세련된 이름을 선정하고 그간 영업실적과 다양한 자료들을 제출하며 여러 날 동안 노력 끝에 힘겹게 한 자리를 확보했다.

드디어 기다리던 쇼핑몰의 개장 날이 다가왔다. 쇼핑몰 앞뜰에서 거행되는 개관식에는 수많은 사람이 모여 환호했다. 울려 퍼지는 브라스밴드의 음악 속에 시장님과 정치인, 그리고 여러 귀인이 단상에 오르며 분위기는 고조되었다. 식순과 함께 몇 조각만 걸친 무희들의 현란한 춤과 인기 가수들의 열창이 화려하게 이어지며 여러 TV 방송은 생중계하고 있었다.

하늘에는 오렌지색 저녁노을이 펼쳐지는데, 식순에 따라 팡파르 속에 전기, 가스, 수도의 스위치를 올리는 순간, 매머드 쇼핑몰은 휘황찬란하게 번쩍였고 이어 윗분들이 오색테이프를 가위로 끊으며 영업의 시작을 알렸다.

귀빈들이 매장으로 입장한 지 얼마 되지 않아 건물 관리인들은 사색이 되어 이리저리 뛰어다니기 시작했다.

내 점포 "Q-Mania"의 천장 마감재들이 뻥 뚫리며 물은 소낙비처럼 쏟아져 내려 진열했던 마네킹과 의류들이 물에 떠다니고 그 물줄기는 점포에서 흘러나와 복도를 이리저리 흥건히 적시는 난리였다. 예상치 못한 사고로 개장행사를 혼잡게 한 업주를 고

발하겠다는 회사 측의 강경 대응에 나는 변호사를 대동하고 해결점을 찾기에 며칠간 분주했다. 사고 내용은 내가 고용한 실내장식 공사업체에서 스프링클러를 배관할 때 기능공의 부주의로 이음새 한 개를 옥죄지 않아 높은 수압을 견뎌내지 못했다.

처음 개장한 쇼핑몰은 넘쳐나는 손님으로 점포마다 상상을 초월하는 매상을 올리고 있었다. 그러나 우리는 쇼윈도에 흰색 천막을 둘러 감은 채 복구 작업은 쇼핑몰의 관례상 심야에만 허용되었다. 시공사와 갈등과 관리소의 철저한 감시로 영업허가를 받기까지 서너 달에 걸친 힘든 기간이었다. 그 짧지 않은 동안 우리가 채용했던 점원들은 이웃 점포에 빼앗겨 황당하기 짝이 없었고 업주들 회의 때마다 우리는 미운 오리였다. 내로라하는 명품매장들 틈새에서 살아남기 위해 피 흘리는 전쟁터처럼 괴롭고 힘든 나날을 보내고 있었다. 그러나 한 날, 우연한 만남을 통해 인디오 선교에 몸을 바친 선교사님과 브라질인 동역 팀을 만나게 되었다. 그리고 허심탄회한 대화 끝에 그 선교팀에 점포 관리를 모두 위임하였다. 그 후 점포는 차츰 궤도에 오르기 시작하여 이윤도 늘어나고 그들의 선교지에도 복음이 활발하게 전해지기 시작했다. 최신 패션이지만 철이 지난 재고들은 모두 인디오 자매들에게 보내지며 선교영역이 확장되는 밑거름이 되었다.

삶에는 시련과 우연을 통해 얻은 "축복의 통로"가 되는 순간들이 있다. 이러한 순간들을 되돌아보는 것이 삶에 더 깊은 의미를 부여하는 것 같다.

강산이 몇 번이나 변한 오늘, 어느 산속 마을 인디오 자매들이 "Q-Mania" 상표가 너풀거리는 화사한 드레스를 걸치고 녹색 정글 속 통나무 교회에 가득 모여 예배드릴지도 모른다는 흐뭇한 생각도 해 본다.

우리 삶에서 우연이란, 두 글자 이상의 다른 의미도 품은 것 같다. 주님의 시각에서 본다면 그것은 유일한 "축복의 통로"일 것이다. 우리가 기도하고 겪는 일들이 손해 보는 일도 있지만, 이러한 어려운 경험을 통해 우연한 순간이 "축복의 통로"가 될 수 있음을 깨닫게 된다.

주님의 인도하시는 흔적 속에서 일어나는 모든 변화는 특별한 의미를 품고 있다. 우리는 주님의 인도하심을 따라가며 삶을 변화시키고 어려움을 극복함으로써 "축복의 통로"가 되어 더 깊은 은총을 받을 수 있는 희망을 품는다. 우리는 매일 무엇이든 변화하되, 우연한 만남조차도 주님과 더 가까워지는 방향으로 변화해야 할 것이다.

깨진 벽돌 같은 삶

　요즘 우리 마을에서는 주택이나 정원이 새로운 모습으로 단장되고 있다. 며칠 전, 집 앞의 화단을 손질하다 보니 이웃집에서 싸놓은 깨진 벽돌들이 눈에 띄었다. 예전, 브라질의 한국학교 재단에 깊이 관여했던 시절이 기억난다. 건축에 관한 지식은 없었지만, 주어진 일에 최선을 다하며 칠백여 석 대강당과 각종 시청각 시설을 갖춘 매머드 빌딩의 건설 현장을 돌아보며 많은 것을 배웠던 기억이 새삼 떠오른다. 붉은 벽돌을 빼곡히 실은 덤프트럭 몇 대가 공사장으로 굴러들어 와서, 거칠게 적재함을 들어 올려 벽돌들을 좌르르 쏟아부어 놓았다. 그 벽돌 중에는 쏟아 내리는 과정에서 깨지는 것들이 많아 보였다. 나는 즉시 현장 감독을 불렀다. 그리고 벽돌을 소중히 다룰 줄 모르는 제조사에 대해 질책하고, 깨진 벽돌은 모두 새것으로 보상받도록 지시했다. 그러나 답답한 일은 현장 감독이나 벽돌공들이 깨진 벽돌에 대한 안타까움을 전혀 나타내지 않는 밉살스러운 태도들이었다. 이후 며칠 동안, 나는 불편한 마음을 가지게 되었다. 매머드 빌딩의 아름다운 외관과 내부 구조의 도면과 작업 상황을 보면서도 벽돌 하나하나가 어떤 역할을 하는지 깨닫게 되었다. 빌딩의 외모가 들쑥날쑥하고 아치형의 정취 있는 입구와 창틀 그리고 내부 구조가 호두 껍데기처럼 복잡한 걸작품 구조물이기에 벽돌 쌓기에는 반쪽짜리나 더 작은 벽돌 조각들이 요긴하게 많이 필요했다.

벽돌공들은 깨진 벽돌이 부족해 온종일 옹근 벽돌을 절반씩이나 혹은 삼사 등분으로 깨트려 아치형 장식에 쓰일 재료들을 만들기에 땀을 흘렸다. 멋지고 아름다운 걸작일수록 옹근 벽돌만 사용되는 것이 아니라 조각 벽돌이 생각보다 많이 필요하다는 것을 절실히 깨달았다.

우리 삶도 마찬가지다. 이 세상에는 풍요한 옹근 삶을 누리는 사람들도 있지만 깨진 벽돌처럼 삶이 쪼개져 지친 인생으로 살아가는 사람들도 많다. 사람은 삶에서 실패하고, 상처받고, 가정까지 파괴된 경험을 통해 성장한다.

세상을 살다 보면 때로는 본의 아니게 노력하고도 낙오하거나, 환경의 변화와 어려움으로 깨진 벽돌처럼 되어버린 자신을 발견할 때도 있다. 그런가 하면 삶을 멋진 걸작으로 만들어 뭇사람의 시선 속에서 살도록 해주시려고 창조주의 손안에서 잘게 깨지는 일도 있을 것이다.

하늘의 뜻을 이루는 건축 과정에서는 돌가루가 덮이고 구정물 뒤집어쓸 때도 생긴다. 주위로부터 비난과 멸시와 천대를 받더라도 마음속 열망을 포기하거나 잃으면 안 된다. 그것은 더 멋있는 작품이 되기 위한 건축의 한 과정일 뿐이기 때문이다. 우리 한 사람 한 사람은 모두 건축물이다. 삶 속에서 뭔가 힘들고 깨짐을 겪어도 우리는 포기하지 않아야 한다. 그리고 우리가 끝내 이루고자 하는 꿈과 희망에 집중하며, 오늘도 땀을 흘리며 살아보자. 그것이 우리의 삶을 참된 건축물로 만드는 길일 것이다. 진짜 걱정은 현실 세상에 너무 깊숙이 잠겨 현장감 없는 열망과 정신적 게으름뱅이로 변질되어 가는 것이다.

　주님께서는 우리가 깨진 벽돌 같은 삶을 살아가면서도 희망을 잃지 말라고 가르쳐주셨다. 그래서 오늘도 주님의 인도하심을 믿고 희망을 품어야 한다. 그것이 우리의 믿음의 길이며, 참된 아름다움을 찾아가는 길이다. 인간의 조상 노아 영감님이 산꼭대기 뙤약볕 아래서 땀 흘리며 방주를 지을 때, 정말로 하늘이 무너지는 심한 폭우와 홍수로 이 땅이 온통 잠길 것으로 확신했을까? 우리도 같은 생각이라면 깨진 벽돌 같은 삶이라도 참된 자신의 열망에 포커스를 맞추고 이마에 땀을 흘리며 오늘도 망치질 하자.

신앙과 전통의 충돌

돼지머리 국밥집의 신문광고를 접할 때마다 떠오르는 추억이 있다. 6월의 상파울루는 겨울의 문턱으로 날씨가 매우 스산했다. 오만여 교민을 묶어주는 세 구심점을 꼽는다면 총영사관, 한인회 그리고 내가 사무장직을 맡았던 교육협회라 볼 수 있다.

모국 정부는 각종 자원이 풍부한 브라질과의 밀접한 관계를 위해 상파울루 중심지에 유치, 초·중·고교를 한 울타리 안에 설립했고 한국과 브라질에 다리 놓을 글로벌 리더를 양성하기 위해 대학 과정까지 기획 중이었다. 교육부에서 파견된 교장, 교사들은 모국의 교육을 담당했고, 브라질인 교사들은 브라질 정규과정을 가르쳤다. 교육협회는 인사권과 재정권을 가지고 학교를 운영하던 중, 고국의 재정지원으로 매머드 종합건물을 짓게 되었다.

하층은 주차장과 부대 시설, 중층에는 체육관, 상층에는 700석의 강당이 들어서면 학생과 교민들은 물론이고 브라질 사회에서도 유용하게 사용될 것이다. 모든 공사는 예정대로 순조롭게 진행되고, 높은 건물 천장에 대들보를 올려놓는 상량식에 맞춰 본국에서 건축과 관련된 수장들이 참석한다고 통보해 왔다.

교민들의 관심사인 상량식 날에는 총영사와 한인회장을 비롯, 모든 단체장과 학부모들 그리고 모국과 브라질의 귀빈들이 모여 축제를 이룰 것이다. 그때, 우리 속담에 곁가마가 끓는다는 말과 같이 몇몇 노인들이 상량식에는 돼지머리를 놓고 고사를 꼭 지내야 한다는 여론을 일으키기 시작했다.

이를 시발점으로 한인회장은 물론 여러 단체장 그리고 몇 영사들과 파견 교사들까지 여론의 검은 구름에 가담하더니 드디어 소낙비가 되어 상량식에는 고사의 순서를 반드시 넣도록 압력을 가하기 시작했다.

교회 직분이 장로였던 교육협회장과 나 그리고 몇 이사님들은 미신과의 만남을 막으려 노력했지만, 그들의 주장은 대세를 이루었다. 그들의 주장도 그럴싸하다. 요즘 귀신이 어디 있느냐? 돼지머리 고사가 미신이나 우상숭배라기보다는 건축의 시작을 알리며 불경기 침체한 교민사회의 분위기를 되살리는 일종의 엔터테인먼트라 했다.

이어 한문 글자의 돼지 돈(豚)이란 우리말의 '돈'을 뜻하고, 고사상에 오른 돼지주둥이에 돈을 물려주며 꾸벅 절하는 것은 제사와는 달리 건축과 삶이 복되도록 비는 민속행사라는 것이다. 첨단 과학자들도 우리나라의 첫 위성 무궁화호를 발사하기 직전에 돼지머리 놓고 고사를 지내 그 프로젝트가 성공했다는 것이다. 공직사회에서 상급 기관의 은근한 압력은 벗어나기 쉽지 않은 올무였다. 고국 땅에서는 그러려니 할 수도 있지만, 남미대륙의 한복판에서 대학 설립까지 계획하는 이들이 시설물 건축 현장에서 고사상의 돼지머리에 절을 한다면 어린 학생들은 어른들을 어떻게 볼 것인가를 생각하면 끔찍했다. 이사장을 비롯한 기독인 이사들은 피할 수 없는 갈멜산의 대결로 받아들이고 하나님께 매달리기로 했다. 그리고 시내 여러 교회의 목회자들, 성도님들, 크리스천 학부모들에게도 이 대결을 위한 기도를 부탁드렸다.

상량식 전날, 기독인 관계자들이 모여 간절한 기도 모임을 가졌다. 주님이 주시는 지혜대로 실행키로 하고 모든 책임은 끝까지 공동으로 짊어지기로 했다.

이튿날 건축 현장에서 상량식은 성대하게 시작되었다. 국민의례와 각계 귀빈들의 축사가 이어지고, 이어 오색찬란한 테이프에 감긴 육중한 시멘트 대들보를 크레인이 높이 들어 올바른 자리에 들여놓았다. 이어 축하 순서로 밴드부 학생들의 취주악, 국악반 학생들의 고전무용과 사물놀이 그리고 흰 도복에 검은 띠를 펄럭이는 태권도부의 격파 시범은 건축 현장을 가득 메운 교민들과 브라질 인사들의 뜨거운 박수갈채를 받았다.

드디어 돼지머리 고사의 순서가 돌아왔다. 흰 보자기 덮인 크고 묵직한 고사상을 흰 장갑을 낀 젊은 교사 여럿이 조심스럽게 나눠 들고나와 무대 위에 올려놓았다. 이때 무선 마이크를 들고 무대에 오른 협회 사무장은 컬컬한 목소리와 익살스러운 제스처로 고사상 앞에서 개그 쇼를 펼치기 시작했다. 장내는 온통 웃음과 박수 소리로 메아리쳤고, 삶은 돼지머리도 웃다가 입 꾸러미가 찢어질 재치 있는 만담과 유머들이 이어졌다.

돼지머리에서 가장 맛있는 부분은 귀와 혀와 뽈따구 살인데 먹기 하루 전에는 꼭 썰어놓아야 감칠맛이 난다는 유머들이 평소와는 달리 술술 잘도 터져 나왔다. 정말로 건축 현장에 고사상을 차린다면 상을 뒤집어엎어 버리겠다던 젊은 목사님들도, 돼지머리 고사가 없으면 가만있지 않겠다던 영감님들도, 고사상의 흰 보자기가 들쳐지는 순간 모두 입을 다물지 못했다. 아름다운 빛깔로 수북이 쌓인 음식들은 시루떡 대신 노란 콩가루 바른 인절미와 쑥색 절편, 남미 땅에서도 가장 비싸고 귀한 여러 종류의 과일들, 큰 쟁반에 그득한 송아지 바비큐와 검붉은 참치 횟감들이 상다리가 부러지도록 풍성히 쌓여있었다.

잡채와 부침개 중간에 딱 자리 잡은 돼지머리는 먹기 좋게 잘 썰어져 나무젓가락과 이쑤시개를 뼈대 삼아 힘겹게 서 있었지만, 돼지머리라기보다는 쓰러지기 직전의 초가집처럼 초라해 보여 어느 사람도 절하고 싶은 마음보다는 푸짐한 잔치 음식에 정신이 팔렸다.

행사장으로 줄지어 들어오는 커다란 잔칫상들과 막걸리 색깔의 식혜 음료는 참석한 모든 사람의 마음을 녹였고, 가설무대 한편에서 연주하는 학생들의 실내악은 찬송과 복음성가 메들리로, 그 장소는 이미 가나의 혼인 잔칫집으로 변해가고 있었다.

행사는 은혜롭게 마무리되었고, 이사님들과 자원봉사자들은 주님 앞에 조용히 꿇어앉았다. 그리고 누가복음의 구절들이 떠올랐다.

"시몬이 대답하여 이르되 선생님 우리들이 밤이 새도록 수고하였으되 잡은 것이 없지마는 말씀에 의지하여 내가 그물을 내리리이다."

그렇게 하여 그물을 던지니 잡힌 고기가 심히 많아 그물이 찢어지는지라 시몬 베드로가 이를 보고 예수의 무릎 아래에 엎드려 이르되,

"주여, 나를 떠나소서! 나는 죄인이로소이다 하니…"

훼이조아다(Feijoada)와 슈하스코(Churrasco)

 브라질은 세상에서 다섯 번째로 넓은 땅을 가졌고, 상파울루는 세계 10위권의 많은 시민이 모여 살고 있다. 그러나 희한한 일은 사도바울(St.Paul)이 그런 넓은 땅이 있는지도, 선교도 해 보지 못하고 순교하셨지만, 그의 명성만은 그 땅에서 빛나고 있는 것이다. 거대한 브라질 땅에서는 전 세계 여러 인종들이 서로 뒤 섞여 살며 점점 더 커피색의 건장한 얼굴로 동화 되어 가고 있다.

 신(神)이 엿새 동안 세상을 지을 때 닷새는 브라질을 만지셨다는 그들 말처럼 "자원의 천국"이라 불릴 만큼 풍부한 "지하자원"과 "식량자원" 그리고 아름다운 "풍치자원"뿐만 아니라 이 나라는 음식문화도 다양하다. 그중, 토속 요리 두 가지를 꼽는다면 "슈하스코"와 "훼이조아다"이다. "슈하스코"가 백인 양반들의 음식이었다면 "훼이조아다"는 그들 아래에서 일하던 가난한 자와 흑인 노예들의 음식이었다. "슈하스코"란 쇠고기, 돼지고기, 양고기, 닭고기 등에서 맛있는 부분만 도려내어 굵은 돌소금만 뿌린 채 펜싱 칼 모양의 쇠꼬챙이에 꽂아 향나무 장작불 위에서 돌려가며 구워낸 즉석 통구이 요리이다. 지금도 고풍스럽게 장식된 식당에 들어가 각자 자기의 기호에 맞는 조미료와 채소를 추려다 놓고 앉아 있으면 된다.

정장 차림의 젊은 남성 도우미들이 불에 구운 각종 고깃덩이를 긴 칼에 꽂아 들고 손님들에게 다가온다. 고기류와 부위를 설명하고 먼저 한 조각씩 썰어주어 그 맛을 음미케 하고 취향대로 맛있는 부위를 선택하여 맛과 진미를 마음껏 느끼게 한다. 또 다른 음식 "훼이죠아다"는 그 첫인상이 영락없는 고국의 동지 팥죽이다. 그런데 그 속에는 찹쌀 동그랑땡 대신 소금에 절여 저장했던 돼지의 코와 귀, 꼬리, 혀 등 주인들이 먹지 않는 허드레 고기들을 듬뿍 썰어 넣고 끓인 꿀꿀이 팥죽이다. 적도를 머리에 이고 있어 사계절이 뜨거운 남쪽 나라에서는 잘 어울리지 않을 상 싶은 열탕 음식이다.

브라질은 오래전부터 드넓은 땅에 수많은 노예를 사들여 사탕수수와 콩과 커피를 경작해 왔다. 태양이 뜨겁게 작열하는 일터에서 노예들의 힘을 최대로 이용하려면 간편한 식단에 고열량 음식을 먹여야 했다. 농장주들이 고심 끝에 드디어 일꾼들의 보신 사료를 개발해 냈고 일러 "훼이죠아다"라고 불렀다. 음식이 주방으로부터 나올 때는 약간의 청국장 닮은 냄새를 풍긴다. 서양 땅에서 보기 드문 누렇고 투박한 노예들의 밥그릇인 뚝배기에 김이 무럭무럭 내솟는 돼지팥죽 "훼이죠아다"를 한 그릇을 받아 들면 노예들은 울컥 고향의 정겨움이 스쳤다고 한다. 두 가지 음식이 현대인들에게는 전혀 안 어울릴 것으로 보이지만 그 인기는 상상을 초월하며 브라질 토속음식의 선두 자리를 굳건히 지키고 있다. "훼이죠아다"를 대할 때마다 여러 나라에서 흘러들어온 민초들이 뚝배기 그릇 속에 함께 모여들어 묘한 향을 내며 브라질의 역동적인 새 역사를 창조해 내는 새로운 힘의 도가니로 느껴진다. 이 두 가지 토속 음식의 공통점은 반찬을 따로 만들 필요가 없다는 것이다. 사람보다 가축의 숫자가 많아 고기가 흔하기에 각종 고기에 소금만 뿌리고 직접 불에 구워 먹는다. 또 맛없고 구워 먹기 힘든 부분은 간을 맞추어 놓고 흔한 검은콩을 곁들여 탕으로 끓이는 간편식 요리이다. 항상 음식의 양은 푸짐하여 배부름과 만족감을 채워주며 재료비도 저렴하다. 그리고 중요한 점은 이 음식들을 먹고 나면 너무 힘이 불끈 솟아 쉽사리 낮잠을 즐길 수 없기에 부지런히 뛰어다니며 일하게 된다. 그래서인지 브라질 사람들은 태양과 가까이 살면서도 낮잠은 낯설어지고 도리어 축구공과 친구가 되어버렸나 보다.

    500년의 역사도 못 채운 브라질은 조상들이 남긴 이렇다 할 만큼 획 굵은 흔적도 찾아보기 힘들고 문화적 자랑거리도 그리 많지 않다. 하루속히 브라질 전역에 사도 바울이 다 이루지 못한 "주 예수의 이름"이 전파되면, 돼지팥죽 끓이는 냄비가 더욱 뜨거워질 것이다. 고기 굽는 손놀림이 빨라지고 브라질 국력은 눈덩이같이 부풀어 마침내 세계만방에 축구와 더불어 "주(主)의

빛"을 발하게 될 것이다. 이 토속 음식과 함께 살고 있는 저들은 힘이 솟아 넘쳐흘러 조용히 쉬고 있을 수 없기 때문이다.

착각은 자유라지만…

여름날 저녁, 상파울루의 싼토스 항구에서 싱싱한 미끼를 챙긴 30여 친목회원들은 통통거리는 목선에 올라 비릿한 바닷바람을 맞으며 대서양을 가로질렀다. 하늘의 별빛은 초롱초롱했지만, 검푸른 파도는 우리가 탄 목선을 상하좌우로 마구 흔들기 시작했다.

출발할 때는 웃음과 노래가 바다 위로 퍼졌으나 시간이 흐름에 따라 회원들의 흥취는 차츰 가라앉았다. 한두 명의 멀미와 구토를 시작으로 시간 반 정도 출렁이는 동안 나를 포함한 다섯 명만 남기고 모두 뱃전에 쓰러졌다.

소년 시절 논둑에서 붕어를 잡았던 경험뿐인 내가 대서양에서 갈치를 낚는 쾌거에 도전하기에 이를 악물고 멀미를 참았다. 결국 나를 포함한 다섯 명이 낚아 올린 은백색 갈치 60kg, 그중 절반은 내가 낚았기에 회원들은 나를 이태공이라 부르며 함성을 질렀다.

항구로 돌아와 싱싱한 갈치살을 국숫발처럼 굵고 길게 썰어 초고추장에 버무려 회원들은 고소하고 부드러운 갈치회로 배를 채웠다. 이후, 몇 번의 낚시 운이 계속되며 작황이 좋다 보니 소문난 낚시꾼들의 경기에 등 떠밀려 참가하게 되었다. 그날은 파도치는 갯바위에서 주어진 시간 동안 망둥이 한 마리도 못 올려 망신만 당했다. 착각은 자유라지만, 난 그날까지도 내가 강태공의 후계자라고 믿었다.

상파울루 의류 도매시장에서 우리 제품이 차츰 호평 속에 성장하여 마침내 중심가 쇼핑센터에 'Q-Mania'란 상호로 진출하였다. 부근의 명품매장 '배네통'과 '피에르가르뎅' 등이 텃세를 부렸으나 장사는 번창했다. 어머니날이나 성탄절 그리고 연말연시에는 점포 내에 발을 들여놓을 틈 없이 손님들이 장사진을 이루었다.

한 해 중에 어머니날은 여성 의류점이 꽃을 피우는 날이다. 진귀한 보석과 장신구들로 몸을 휘감은 여성들이 매장으로 밀려 들어와 게걸스럽게 많은 물량을 구매하고 있었다.

나는 첫눈에 상파울루 상류층인 것을 직감하고 샤넬 향이 진하게 풍기는 미녀들 앞으로 정중히 다가갔다. 그리고 유창하지는 못한 브라질말이지만 목소리를 가다듬고 예를 갖춰 말을 건네보았다.

"이웃에 유럽 명품매장들이 즐비한데 우리 상품을 많이 구매하는 이유는 제품의 패션 감각과 고품질 때문인가요?"

여인 중 수다쟁이 금발여인이 웃으며 내 말에 시원스럽게 답변해 주었다.

"아뇨! 우리는요, 계모, 유모, 하인들에게 줄 선물은 이 가게에서 대충 사들이고요, 내 것과 우리 엄마 선물은 명품점에 가서 천천히 고르려는데요!"

착각은 자유라지만, 우리 상품도 명품이라고 자부하던 나는 그 시즌 내내 커피 맛이 씁쓸했다.

남가주 사랑의교회 1부 예배를 마친 후, 교회 뒤뜰, 파라솔 밑 파티요에 앉아 친구들과 담소하고 있었다. 그때 그곳을 지나치던 낯익은 집사님이 반갑게 악수를 청해오며 옆자리에 걸터앉았다. 몇 마디 인사가 서로 오간 후 집사님은 내게 말했다.

"장로님이 쓰신 칼럼 중 제목 xxx은 제가 인터넷에서 아마 수십 번도 더 접속했을 거예요."

그 말을 듣는 순간 내 가슴이 두근거리기 시작했다. 내 글을 읽고 열광하는 팬이 생기기 시작했으니 머지않아 저명한 작가라는 평을 듣게 되겠구나. 그런데 그다음 말이 천둥과 소낙비였다.

"장로님은 저희 부부가 연애 시절 자주 부르고 즐기던 애창곡을 어떻게 아시고 그 곡을 글의 배경음악으로 까셨어요? 저는 가슴이 답답하고 울적할 때마다 그 글을 접속해서 그 노래 두세 번 거푸 듣고 나면 마음이 가라앉는답니다."

이젠 붓은 꺾고 거문고나 뜯어야겠다. 하여간 착각은 자유라니까…

나는 보고 싶은 것만, 듣고 싶은 것만, 믿고 싶은 것만, 믿는 경향이 있다. 따라서 현실을 객관적인 감각으로 판단하거나 이해하는 데 어려움을 겪었다. 이런 태도 때문에 항상 착각의 늪에 빠지는가 보다.

최근, 노년의 문턱에서, 기력이 떨어져 온유해지고, 재력도 심령도 다 가난해지고 있어 팔복의 수혜자가 된 착각에 빠져든다. 착각은 마음에 자유를 주기는 하지만 그에 따른 현실은 냉혹하기에 그 불편한 결과는 고스란히 내 몫임도 알고 있다. 그런데도 나는 종종 성경 속 인물들이 받는 사랑과 똑같은 주님의 사랑을 느끼는 순간들이 생긴다.

이것이 나에게 주어진 시간 속에서 나타나는 현실적인 생각인지, 아니면 주님의 무한한 은혜를 향한 신앙적인 착각인지를 구별하기는 쉽지 않다. 그래서 내게 주어진 모든 순간순간을 올바르게 깨닫고 감사하며 살아야 하겠다.

5부

신앙(信仰) _내 주를 가까이

광명한 천사의 설법

이른 아침이었다. 마을 공원으로 들어서니 잘 손질된 푸른 잔디 위에 이슬방울이 맺혀 보석처럼 반짝이며 싱그러운 생기가 돈다. 산책로를 따라 걷다 보니, 단정한 캐주얼 차림에 빨간색 야구 모자를 눌러쓴 내 연배인 듯한 낯선 노인이 서성이고 있었다.

"이 마을에 사시나요?"라고 묻자 "아니요, 한국에서 온 여행객이올시다."

"저편, 한인 노인들의 모임터가 있는데 함께 가실까요?"

"아, 좋지요. 한인들을 좀 만나보고 싶네요."

아침 산책을 마치고 즐겁게 서로 잡담을 나누던 십여 명의 노인들은 새 손님을 맞아 의아하며 모여들었다. 나 역시 그 영감님을 소개하기 힘들어하자, 그는 선뜻 나서서 자신을 직접 소개하기 시작했다.

"저는 마산에서도 산을 셋이나 더 넘는 깊은 산골에서 9남매 중 여섯째로 태어났고 부친은 일찍 세상을 뜨셨습니다."

열 살 되는 어느 장날, 엄마를 따라나섰는데 엄마 등에 업힌 막내가 칭얼거리자, 엄마는 장터 한구석에 앉아 아기에게 젖을 물렸고 나는 엄마 곁에 붙어 지나가는 사람들을 헤아리고 있었다. 그때 옆에 와서 힘없이 풀썩 주저앉아 쉬던 늙은 스님은 지나가는 떡장수에게서 시루떡 두 개를 사더니 하나를 내게 건네주었다. 나는 시루떡을 당장 한입 뜯어먹고 싶었지만, 힘없이 축 늘어진 젖을 막내에게 빨리는 흑갈색 얼굴의 엄마가 안쓰러워 시루떡을 엄마에게 내밀었다.

"너는 참 착한 아이구나." 스님이 머리를 쓰다듬어 주었다.

그때 엄마는 "스님, 절에서는 밥은 안 굶지 예?"

스님은 "아줌마, 스님들 밥 굶는다는 절 들어본 적이 있소?"

"그럼 이 아이를 절로 데려다 밥이나 실컷 먹게 해주시오."

그날 나는 스님의 손에 이끌려 어느 산사로 들어갔다. 정말로 스님 말처럼 절에서 밥걱정은 없었다. 그러나 여러 스님의 잔심부름, 매일 새벽 4시마다 시작되는 염불 준비도 쉽지 않았고 더욱이 목탁 소리는 듣기도 싫었다. 몇 번이나 절에서 탈출해 집으로 내려와 보았지만 텅 비어 있는 쌀독을 보고는 다시 절로 올라가 스님들께 호된 얼차려를 받곤 했다. 절밥에 힘이 솟는지 청소년기에는 몸이 부쩍 자라나 절의 온갖 잡일들을 달인처럼 잘 해냈고 산속에서 스님들과 겨루던 씨름 실력도 걸출하여 경상남도 챔피언으로 등극했다. 그 무렵 씨름으로 사귄 친구들과 어울려 해병대를 지원 입대하여 최전방에서 군 복무도 무사히 마쳤다.

절과 목탁 소리에서 벗어난 나는 마침 서울에서 자리 잡은 형님 댁에 머물며 취직자리를 찾던 중, 헛것이 보이고 헛소리가 들리는 기묘한 질병에 시달리다 결국은 정신병원으로 입원하게 되었다.

흰 눈이 푹 쌓인 겨울밤, 환자복에 슬리퍼만 신은 채 병원에서 탈출한 나는 귓속에서 들려오는 목탁과 염불 소리를 따라 밤길 20여 리를 걸어 길러준 절로 빨려 들어갔다. 불이 켜져 있는 조그마한 암자 앞에 서서 문을 두드렸다.

"들어오너라! 네놈이 올 줄 알았다! 네가 열심히 도를 닦으면 큰스님이 될 것이다!"

엄하게 꾸짖던 분은 불교계의 고명하신 큰스님이셨고 그 후 50여 년이 흘러 나는 75세의 노승으로 경인 지방 종가 사찰의 주지라며 모자를 벗고 공손히 인사를 하는데 반질반질 윤이 나는 까까머리 스님이라 모두 놀랐다.

반세기를 지난 지금, 나를 제외한 8형제 가족은 몽땅 예수를 믿고 있어 항상 그들과 치열한 종교전쟁을 치르는 중이며, 이곳을 방문한 목적은 미주의 여러 도시에 사찰을 건립하는 일과 미국인 젊은 불자들에게 불심의 높은 뜻과 큰 꿈을 심어주는 것이고, 지금은 권사님이신 누님 댁에 머문다고 했다. 마을 영감님들은 남가주 각 교회의 중직에서 은퇴하신 분들이었기에 갑작스러운 스님과의 대면에서 불편한 진실로 영적 설전을 벌였다.

힘을 모아 큰 칼, 긴 창 또는 화살처럼 날카로운 화두로 맹공격했으나 천연스럽게 막아내는 중견 스님과의 간담회는 차츰 진지하게 전개되었다. 이어 그는 미국 땅에서 노년 생활이 얼마나 외로우냐며, 사물을 보고, 소리를 들으며, 냄새를 맡고, 맛을 보며, 생각하고, 몸으로 행하는 모든 일이 모습은 있는 듯하지만, 실체는 없는 것이라며 생로병사는 헛되고 헛되다며 반야심경으로 설법을 풀기 시작했다.

여러 해 도(道)를 닦았으면 마음과 생각이 불심(佛心)에 푹 절어 중생의 마음을 자비와 감동으로 승화시켜야 하는데, 공부하지 않아도 도덕심만 있으면 누구나 할 수 있는 설법을 내는 불자들이 늘어나서 걱정이라는 말도 덧붙였고, 내세와 영생에 관한 논쟁에서는 듣고도 이해 안 되는 허공잡이 답변뿐이었다. 그날의 체험은 나에게 영적 도전이요, 하늘의 경고임을 깨달았다.

요즘의 교회와 성도들이 중세기처럼 교세와 권위 그리고 세상 풍요를 누리며 영적 토끼잠을 자는 동안 "광명한 천사"로 가장한 사단들은 부지런히 지구촌 구석구석을 누비며 삼킬 자를 찾아 굶주린 사자처럼 울부짖는 것을 보았다.

수십 년, 혹은 한평생 주님을 믿고 있다는 우리들이 경건의 모양은 있으나 경건의 능력이 부족하여 서로 믿음을 키 대보기는 하는 일도 일어난다.

성령의 충만과 영적 능력 그리고 주님과 동행하는 삶을 갈망보다는 세상만사를 율법적 교리적 상식으로만 판단하려 들고 주님이 가르쳐준 사랑과 용서 그리고 자비와 긍휼에서 차츰 멀어져가고 있기 때문이다. 이는 우리가 주님의 사랑을 받아들이고, 주님과 깊은 관계로 살아가는 데에 있어 중요한 도전의 과제이다.

 악마의 유혹과 시험으로부터 주님과의 동행을 기도하며, 믿음의 과제를 깊이 있게 이해하고 이를 실천하려는 노력에 힘을 기울여야겠다.

브레이크 고장 난 불도저

　상파울루에 거주하던 여러 해 동안, 각종 열대어를 취미 삼아 키워온 경험으로 미국에 정착한 후에도 손주들의 정서적 계발을 위해 한국 전통 정원을 축소해 집어넣은 아름답고 눈에 보기 시원한 어항을 사들였다.
　기르기 쉬우면서도 출산이 잦아 식구가 늘어나는 맛을 즐길 수 있는 난태생 열대어 구피류 중에서 고국의 금붕어와 흑붕어를 닮은 다섯 마리로 시작했으나 손주들이 서로 먹이를 주고 잘 돌보아서인지 식구들이 점점 늘어나 어항 속이 혼잡스러워지고 있었다.
　달마다 어항의 물을 갈아주고 청소해 주지만 늘 무덥고 건조한 남가주의 날씨 때문인지 어항 속에는 너무도 빨리 파란 이끼가 덕지덕지 끼고 배설물들이 쌓여 부담스러운 일거리로 변해가고 있었다.
　어느 날, 수족관에 들렀다가 방금 중국에서 들여왔다는 열대어 중에서 청소부 관상어 두 마리를 비싼 값에 사들여 어항에 넣어주었다. 주황색 무늬로 큰 멸치를 닮은 이 녀석들은 친구들과의 화목에는 전혀 관심도 없고 게다가 브레이크도 없는지 한순간도 쉼 없이 몸을 휘젓고 다니며 구피들을 몰아붙이고 유리에 붙은 이끼를 뜯어 먹으며 말끔하게 어항을 청소하기 시작했다. 어항 속 이끼는 수세미로 문질러도 잘 안 벗겨지는데 어떻게 그 작은 혓바닥으로 갉아 먹는지 고맙고 신통하고, 어항은 오랜만에 정갈스러워졌다.

왕성한 식욕의 청소부는 한 달 남짓 되자 둘이 먹을 것이 부족해 바닥에서 맴돌더니 한 마리는 굶어 죽었다. 이제 남은 한 마리가 열심히 일하지만, 우리 어항은 한 마리분의 식량이라도 계속 감당해 낼지가 걱정스러워진다.

이민 가방을 풀고 첫발을 들여놓은 교회의 K 장로님이 머릿속에 떠오른다. 크지 않은 키에 다부진 몸매의 장로님은 매우 부지런하고 고집스러우며 항상 남보다 뛰어나야 한다는 생각으로 사셨다. 일터에서는 물론 교회에 오셔서도 주방에서 당회장 실까지 어디든지 그의 발이 닿는 곳마다 거룩한 성전을 강조하시는 자칭 보수신앙의 보루였다.

장로님은 사업도 번창하여 성도 중 가장 많은 헌금을 내시고 새벽기도를 비롯하여 모든 공예배에 빠지는 일도 별로 없었다. 또 주일이면 온종일 금식하시고, 성경 다독, 구제, 선교 지원 등 누구도 따를 수 없는 불도저 같아 목사님까지도 장로님 곁에서

늘 쪼그라지곤 하셨다.

그분은 청년부 교사였던 나를 당회에 강력하게 제소하기에 나는 급히 교사직에서 물러났다. 그 이유는 거룩한 성전의 친교실에서 청년들과 윷놀이를 진행했고, 청년들과 수양회 기간에 기타를 퉁기며 대중가요를 불러대는 세속에 물든 교사라는 것이다.

거룩함을 위해서는 땅을 깎는 불도저처럼 주장을 강력히 고집하시는 장로님 앞에서는 누구도 반대 이론을 펼치기 힘들었다. 그러던 장로님이 갑자기 몇 주간 교회를 빠졌다. 전 교인이 의아한 가운데 기상천외한 일이 벌어졌다.

그해 다미선교회가 지부를 상파울루에 개설하고 휴거의 날짜를 공개하여 널리 알렸을 때, 장로님은 기도할 때마다 재림의 임박함을 느껴왔는데 다미선교회는 자기 신앙과 일치한다며 그 단체로 옮겨가셨다.

서울 본부의 젊은 교주가 내린 긴급 지시에 따라, 천국의 길은 황금이기에 휴거할 때 이 땅의 기념품으로 천국의 보도공사에 쓰이는 규격품 순금 타일을 식구의 수만큼 준비했다고 자랑하셨다. 그 이후 장로님은 어느 하늘 아래 계시는지 소식도 끊긴 채 잊혔다. 다미선교회를 위해 봉사하고 또 해도 부족함만 느껴진다는 브레이크 고장 난 불도저처럼 내달리던 장로님의 음성이 귓가에 맴돈다.

교만은 패망의 선봉이라는 주님 말씀 앞에 우리는 항상 겸손해야 하고 교만의 열매가 내 것이 되지 않도록 머리 숙여야 하겠다.

청소를 위해 태어난 듯 어항 구석구석까지 쓸고 닦는 남은 한 마리의 물고기가 고맙긴 하지만 지나침을 보며 장로님이 떠오르는 것은 웬일일까?

아골 골짝으로 가신 전도사님

금요일 저녁, 손자들을 내 차에 태우고 한국어로 성경을 가르치는 한어 중고등부에 데려다준다. 그럴 때마다 유년부 시절, 교회학교에서 나에게 땀 흘리며 성경 말씀을 가르쳐 주시던 전도사님이 생각나서 두리번두리번 그 전도사님을 이곳에서도 찾아보게 되는 것은 어쩔 수 없다.

1950년 6월 25일, 공산주의와 자본주의의 이념전쟁이 우리 땅에서 발발하여 3년간 우리 동족 360만여 명의 귀한 목숨을 빼앗아 갔다. 전쟁통에 집과 가족을 잃은 난민들은 남쪽으로 몰렸고, 우리 가족은 한반도의 가장 끝자락인 제주도를 거쳐 부산 영도의 고갈산 중턱에 자리를 잡았다. 어른들은 헌 나무판자를 끌어모아 아담한 예배 처소를 세우고 하나님을 뵐 수 있는 곳 "벧엘교회"라 불렀다. 이곳은 피난민들 영혼의 안식처가 되었다.

지루했던 전쟁이 열기를 잃어가고, 휴전협정 체결 한 달 전인 1953년 6월, 남한 각지에 수용되어 있던 인민군 포로 중 전향한

3만여 반공포로들을 한국 정부가 일방적으로 석방하였다. 이들은 자유를 얻어 민주 시민이 되었다. 그 시절, 교회학교에서 우리에게 말씀을 가르치시던 전도사님은, 교회 어른들의 말에 따르면 그는 반공포로 출신이었다. 서글서글한 미남이며 독신이던 삼십 대의 전도사님은 판자로 지은 교회 한구석에 단출한 짐 보따리를 두고 교회에서 생활하시며 밤에는 목회자의 길을 걷기 위해 신학을 공부하셨다.

늘 환한 얼굴로 우리를 맞아주시던 전도사님은 목청이 좋으셔서 예배 시간마다 찬송 인도를 도맡으셨고, 아이들에게는 성경을 동화처럼 재미있고 머리에 쏙 기억되도록 가르쳐주셨다. 그래서 항상 우리에게 존경받았다. 그러나 태양이 높이 뜨면 검은 그림자는 어김없이 생기는 법이다.

마산에 사시던 피란민 할머니 한 분이 부산 땅, 교회 옆에 거주하는 딸네 집에 들렀다가, 우연히 우리 교회에서 열심히 일하시는 전도사님을 보고 그만 기절할 뻔하셨다고 한다.

그 할머니는 "내 눈에 흙이 들어가도… 아니 내 관이 썩어 문드러져도 내 식구와 우리 마을 젊은이들을 사지로 몰아넣은 저 보위부 놈은 절대로 용서할 수 없어!"라고 외쳤다.

전향하며 과거를 사면받은 놈이지만, 당장 경찰에 신고하여 특별재판을 다시 받게 하겠다는 피맺힌 절규는 입에서 입으로 소문이 나돌기 시작했다.

목사님은 교회 중진들을 모으고 전도사님을 불러 진위를 확인했다. 전도사님은 자신의 간증으로 다음과 같이 밝혔다.

"아버지가 북한 땅 어느 큰 교회의 장로님이었지만, 나는 청년 시절 구세주처럼 등장한 공산주의 이념에 흠뻑 빠졌습니다. 그래서 열렬한 공산당원이 되었고, 마침내 보위부에 발탁되어 근무하게 되면서 천인공노할 만행을 많이 저질렀습니다. 공산주의는 영혼을 부정하는 유물주의에 근거하기에 기독교를 가장 큰 장애물로 여겼습니다. 교회는 노동자와 농민의 원수이기에 무엇보다도 교세가 큰 교회부터 파괴하라는 명령을 받았습니다. 저는 임무를 수행하려고 발 벗고 뛰었습니다. 정치계와 특히 기독교의 지도자 중 공산주의에 협조하지 않는 자들을 체포하여 인민재판 아니면 평양 교화소로 보내 죽게 하거나 강제 노역장으로 내몰았습니다. 저는 공산주의가 개인의 사유재산권을 부정하고 자유를 통제하는 사회주의의 한 형태로서, 부자들의 재산을 모든 인민에게 평등하게 재분배하는 가장 완벽하고 평화로운 사회로 생각했습니다. 그러나 장교로 낙동강 전투에 참여한 후 깊은 생각에 잠기게 되었습니다. 인간이란 공산주의자들이 생각하는 것처럼 단순한 존재가 아니며, 순진한 백성들이 공산이란 사상의 프로그램 때문에 덧없이 희생되는 것을 더 이상 참을 수 없었습니다. 낙동강 전투에서 저는 얍복강 나루의 야곱처럼 진정한 회개의 기도를 하나님께 올렸고, 처음으로 하나님을 체험했습니다. 조선 공산당이 사상보다는 무신론 통치자에게 편리한 운영체제인 것을 깨달았습니다. 이제 저는 지난날을 참회하며 하나님 나라의 확장을 위해 빛도 소리도 없이 아골 골짝이나 빈 들까지 나가서 복음과 자유를 전할 것입니다."

며칠 후, 전도사님은 다시 볼 수가 없었다. 가끔 누구는 국제시장에서 전도사님의 옆모습을 본 듯했다고 하고, 누구는 용두산 공원을 지나치는 전도사님을 본 것 같다고도 했지만, 지금까지 전도사님의 소식은 없다.

나이가 들어 손자들을 교회학교에 데려다줄 때마다 전도사님이 혹시 이곳에 오셨을까 두리번두리번 살펴보지만, 모습은 보이지 않는다.

실감이 나게 성경 동화를 구현해 주시던 다윗과 골리앗, 데릴라의 유혹에 신세 망친 삼손, 용기 있는 갈렙, 주님께 몸 바친 바울만이 떠오를 뿐이다.

윗집 아저씨

나는 중고교 시절, 채플 시간에 김두완 선생님의 하몬드 오르간의 반주 그리고 기독교 방송에서 흘러나오는 하몬드 오르간의 시그널 찬송 연주 소리에 홀딱 빠져 있었다. 그 영롱한 고음의 소용돌이는 하늘에서 내리는 보슬비 소리 같았고, 중간 음은 봄날 아지랑이 아른거리는 들판의 산울림 소리 같았으며, 저음은 먼 바다에서 울려오는 뱃고동 소리 같았다.

삼십여 년 후, 상파울루에서의 이민 생활이 안정되어 갈 무렵, 우연히 중심가 수입품 악기점을 지나치다 미국 하몬드 회사가 일본 스즈키에게 합병되어 생산한 오르간을 보고 그만 한눈에 반했다. 처녀 시절 피아노를 전공하던 아내와 음대생 딸도 동조하여 우리는 만만치 않은 가격을 치르고 아파트로 들여왔다.

명품 스즈키 전자 오르간은 트레몰로 기능 외에 스피커 회전의 잔향 조절, 코러스 효과 등 다양한 기능이 있었고, 어린 시절 기독교 방송의 시그널 뮤직이었던 「하나님의 진리 등대」를 연주하면 타임캡슐을 타고 옛날로 돌아간 기분이 들었다. 하지만 문제가 생겼다. 오르간 소리가 나기만 하면 어김없이 아파트 정문의 마음씨 좋은 커피색 똥보 경비 아저씨의 인터폰이 울려왔다. 당신 집 위층 아저씨가 소음에 시달린다며 중재 요청이 들어왔다는 기막힌 전달이었다. 알고 보니, 위층 아저씨는 늦은 나이에 소명을 받아 신학을 마치고 어느 교회에서 강도사로 일하는 분이었다. 그는 막힘없는 설교로 인기를 끌며, 몇 달 후에는 목사 안수를 받고 그 교회에서 목회를 전담하실 분이라는 소문이었다.

우리 가족은 대중가요도 아닌 찬송과 성가곡을 연주했고, 아파트는 고층으로 견고하게 지어졌기에 웬만한 소음은 층간을 통과하기 힘들었다. 그러나 위층 강도사님과 사모님은 지나치게 예민한 반응을 보였다.

위층 강도사님과 아래층 이 장로의 대화는 은혜롭게 소통되지 않았다. 평일에는 늦게 퇴근하는 우리 가족은 마음이 들뜨는 토요일 오후와 예배를 모두 마치고 돌아온 주일 저녁 시간에 오르간을 연주하며 식구들이 찬양을 부르고 싶었다. 반면 강도사님은 토요일이면 주일설교 준비로 신경이 곤두서고, 주일 저녁에는 하루의 고달픔을 조용히 풀고 싶어 했다. 종교적 열정이 넘치는 강도사님은 어떤 미세한 소음에도 방해받기를 싫어하는 옹고집 같은 주의 종이었다. 결국 우리 가족이 그 아파트를 떠날 때까지 자동차에 비유한다면 최신 기능의 스포츠카를 사들였지만,

속도제한 25마일의 골목길로만 다녀야 하는 상황과 같았다.

바울 선생님은 사람의 방언과 천사의 말을 하더라도 사랑이 없으면 소리 나는 놋쇠와 울리는 꽹과리라 했고, 주님은 에베소 교회가 진리만 좇다가 첫사랑을 잃었다고 지적하셨다. 주님께서 우리에게 진리를 주신 목적은 만사를 사랑으로 마무리 짓게 하려는 것이다. 사랑으로 마무리 짓지 못한다면 모든 것은 Nothing 이다.

성도 중에는 종교적 열심으로 한 영혼을 소중히 여기기보다는 이웃을 괴롭게 하며 조금도 양보와 타협이 안 되는 윗집 아저씨와 닮은꼴의 사람들을 가끔 만나게 된다. 자기 고집만을 내세워 말과 행동하는 사람들을 일컬어 세상 말로는 개념이 없는 사람이라고 한다. 그렇기에 믿는 사람은 자기중심의 지, 정, 의를 성령께서 다스려주심을 배우는 것을 신앙생활로 알고 있다.

오늘날 우리가 빠지고 있는 딜레마는 삶 속에서 주님이 세워주신 새사람은 나타나지 않고, 너무도 익숙한 옛사람이 믿음이란 탈을 쓰고 불쑥 나타나 윗집 아저씨의 속성인 혈기와 고집으로 삶의 현장을 장악하는 것이다.

이제 우리는 성령의 이끌림으로 살아가는 삶을 체험으로 터득할 때이다. 우리의 인격이 균형 잡혀 아름답고 풍성한 열매를 맺으며, 주님께 영광 돌리는 삶을 살도록 서로 힘써 사랑으로 이웃을 섬겨보자. 그렇게 하지 않으면, 우리는 그저 요란한 꽹과리 소리만 내는 존재로 남을 뿐이다.

믿음의 선율 '허사가(虛事歌)'

　우리 가족의 이야기는 나의 할머니로부터 시작된다. 조선 말기, 구약의 나오미처럼 과부가 되어 두 아들과 함께 선천 고을에서 외롭게 지내시던 할머니는 조선 땅을 처음 찾아오신 서양 선교사의 전도를 받아 주님을 영접하셨다. 그 뒤로, 주 예수를 믿는 믿음은 온 가족과 일가친척에 전해졌고, 며느리인 나의 어머니에게 물려주신 보석 같은 믿음은 우리 가족을 무쇠처럼 굳세게 만들었다.

　그 후, 부모님은 일본의 압제를 피해 선천에서 중국 땅 봉천으로 옮기셨고, 한때는 운영하던 일터가 번창하여 수입이 좋았다고 한다. 네 아들의 장래를 위해 아버님은 그렇게도 원하시던 금시계도, 어머님은 자주색 비로도 치마도 마다하시고 이윤은 현찰과 패물로 바꾸어 뒤뜰 땅속에 깊숙이 간직했다고 하셨다.

　중공군에게 쫓겨 서울로, 그리고 6·25동란 등, 꼬리를 잇는 정변과 사변의 풀무불 속에서 모든 재물은 허공으로 날아가 버렸고 어머니에게 남은 것이라곤 네 아들뿐이었지만 시어머니로부터 이어받은 그 믿음은 꾸준히 단련하셨다. 배움이 많으신 것도, 인물이 좋으신 것도 아니신 아담한 두 노친네, 할머니와 어머니는 항상 백절불굴의 독실한 신앙으로 풍요와 재앙도 극복하시며 높은 산을 오르듯이 하늘을 뚫고 사셨다.

할머니는 최고 성능의 핸드폰을 며느리에게 유산으로 넘겨주셨고 며느리는 먹성 좋은 네 아들과 삶의 고비를 만날 때마다 주님과 직접 통화하셨다.

어쩌다 새벽잠에서 깨어나 귀를 기울이면, 시커먼 마루방 한 구석에서 꾸부리고 앉아 두런두런 주님과 통화하시는 어머님의 목소리를 들었고 내용은 뭔지 모르지만, 그 음률만은 지금도 머릿속에 생생히 기억된다.

어느 날, 어머니 유품인 성경책 갈피에서 「허사가」의 노랫말이 삐져나왔다. 그 노래는 평생 애쓰던 세상일은 헛되다며 인생의 진리와 의미를 향한 어머니의 고요한 고백이다. 한평생을 주님께 매달려 사시던 어머니가 즐겨 부르시던 「허사가」의 곡조가 아직도 내 귓가에서 맴돌고 있다.

허사가(虛事歌)

1. 세상만사 살피니 참 헛되고나 부귀공명 장수는 무엇하리오
   고대광실 높은 집 문전옥답도 우리 한번 죽으면 일장의 춘몽
2. 홍안 소년 미인들아 자랑치말고 영웅호걸 열사들아 뽐내지 마라
   유수같은 세월은 널 재촉하고 저 적막한 공동묘지 널 기다린다
3. 토지 많아 무엇해 나 죽은 후에 삼척광지 일장지 넉넉하오며
   의복 많아 무엇해 나 떠나갈 때 수의 한 벌 관 한 개 족치 않으냐
4. 땀흘리고 애를 써 모아논 재물 안고 가나 지고 가나 헛수고로다
   빈손으로 왔으니 또한 그같이 빈손 들고 갈 것이 명백지 않나
5. 모든 육체 풀같이 썩어 버리고 그의 영광 꽃같이 쇠잔하리라
   모든 학문 지식도 그러하리니 인간 일생 경영이 바람잡이뿐
6. 우리 소망 무엔가 뜬세상 영화 분토같이 버리고 주님 따라가
   천국 낙원 영광중 평화의 세계 영원무궁하도록 누리리로다.

「허사가」를 신앙고백 삼아 즐겨 부르시던 어머니의 핵우산 속에서 빠져나온 막내며느리와 나는 염불하는 듯한 음률의 "헛되고 헛되니"의 어머니 세대의「허사가」는 일단 접어두기로 마음먹었다. 그 대신, 힘차고 용솟음치는 믿음 속에서 승리를 선포하는 복음성가를 부르며 새로운 기쁨을 얻기 시작했다.

주님을 나의 CEO로 모시고 젊음이 추구하는 "삼박자 축복"을 향한 열정이 우리 부부의 혈관을 휘감았다. 오로지 주님을 단단한 기반으로 삼아 멋지게 승리하기 위하여 여호와 닛시의 깃발을 높이 흔들며 주님께 생떼를 썼다. "내 목표를 이뤄 주소서"라 외치며 "금식기도와 산기도"를 실천했을 때 그 신통한 효력은 내 삶을 굳건한 반석 위로 올려 주었다.

이민교회 성도들의 특징인 "바치는 자의 백배 축복"을 누리다 보니 나 역시 어느덧 머리에는 흰서리가 우리 둘의 눈에는 돋보기가 걸쳐졌다. 거기다가 나의 사업이 남미를 휩쓴 IMF의 쓰나미에 밀려 정신없이 떠내려갈 때 "어-머-니"를 있는 힘껏 간절하고 애타게 부르짖었더니 들려오는 어머님의 답은 평소 즐겨 부르시던「허사가」노래였다. 그 후, 우리 내외는 주님과 깊은 통화를 나누기로 서로 다짐했다.

이제는 새로운 경험을 체험했기에 새로운「허사가」를 만들어 우리 가족의 입으로 마음껏 부르며, 믿음의 씨앗을 자녀 손들의 가슴속 깊이 심어주어야 할 때가 왔나 보다.

이 영적 삶의 노래가 다음 세대에도 전해지기를 간절히 염원하며, 우리는 믿음의 길을 향해 앞만 보고 나아가자.

　이것은 단순한 끝이 아니라, 더 큰 시작으로서 믿음을 안고 소망을 향한 강한 마음으로 전진하는 것이다.

나팔 소리

고교 시절엔, 『학(鶴) 마을 사람들』이란 소설집을 내신 이범선 국어 선생님을 무척 존경했다.

「오발탄」 등 여러 편이 히트작이었지만 그중 「갈매기」라는 단편의 내용은, 6·25전쟁통에 가까스로 남쪽의 작은 섬으로 피난 나온 젊은 부부가 낡은 합판 몇 조각으로 둘러막은 찻집을 차려놓고 풍로에 부채질해 가며 사탕물 같은 커피를 끓여 팔았다.

전쟁통에 시력을 잃은 남편은 등대에 불이 켜지고 물 댕기가 바다 위로 길게 드리울 때면 어김없이 은빛 색소폰을 어루만지며 애절하고 쉰 소리의 톤으로 흘러간 노래들을 연주했다. 파도를 타고 멀리멀리 번져 나가는 색소폰의 메아리 위에 지난날의 회상을 얹은 글로, 그 여운은 지금까지도 내 마음속에 오래 울려 퍼져왔다. 그 후로 색소폰 음색에 사로잡혀 색소폰은 나에게 끌리는 악기가 되었다.

미국의 색소폰 연주자 실 오스틴 씨가 애간장 끊어질 듯하면서도 시원스럽게 연주하는 「대니 보이」에 매료되어 색소폰을 배워보려고 시도해 본 적도 있다. 그러나 입시준비, 정신없는 대학생활, 군복무, 취직, 결혼 그리고 해외 이주로 색소폰에 대한 열망은 뜨거웠지만 시간을 내어 색소폰을 분다는 것은 엄두도 못 내왔다.

악기들은 제각기 음색이 있고, 연주되는 곡의 장르나 분위기가 서로 달라 비교할 대상은 아니지만, 색소폰은 우리 가슴을 저며주는 무드성 악기인가 보다. 그래서인지 북한에서는 색소폰을 자본주의 황색 바람이 나오는 부르주아 악기로, 색소폰 소리는 들을수록 혁명의 생각은 식고 노동자들에게는 날라리 근성이 생긴다며 색소폰을 금지 악기로 정했다고 한다.

내 나이 칠순에, 손자들이 몇 번 불다 버려둔 낡은 색소폰이 우연히 눈에 띄어 먼지를 털고 기름칠한 후 혼자 도레미파를 누르며 독습을 시작했다. 그러나 시간이 지날수록, 호흡은 짧아지고, 목에 매달린 악기에 힘이 부쳐 포기 상태로 세월만 보내고 있을 때, 친구의 권유로 색소폰 동호회에 참가하게 되었다. 고국의 저명한 음악가 금수현 님의 아우로 동호회를 이끄시던 금영호 교수님의 지도를 한동안 받으며 새로운 세계가 펼쳐지기 시작했다.

교수님의 성씨가 누런 색깔 "금" 씨여서인지 회원들의 악기가 모두 번쩍이는 황금 덩이였다. 나이가 희끗희끗한 이십여 문하생들이 금덩이를 껴안고 찬양곡을 합주할 때는 마치 하늘의 찬란한 거룩함이 내 안에 스며들어 온 듯했다.

색소폰은 우리의 마음을 자유롭게 표현할 수 있는 마법 같은 악기이다. 한(恨) 많은 우리 민족에게는 잘 어울리는 악기로 우리의 우환과 갈망도, 성령의 단비를 갈구하는 갈급함도 마음껏 표현되며, 주님의 은혜와 사랑을 찬양할 수 있다.

성경에는 이스라엘 민족이 이집트에서 탈출할 때, 하나님께 번제 드릴 때 그리고 세상 끝날 주님의 재림 때까지, 즉 창세기에서 요한계시록까지 시대마다 "나팔 소리"는 역사의 흐름을 바꾸며, 종말을 알리는 소리였기에 하나님은 구부러진 황금색의 나팔 소리를 통해서 역사하시나 보다.

지금 세계 곳곳에서는 기근과 지진 그리고 정치, 경제, 사회의 부패와 부조리가 만연하여 이제 우리 세상에서도 하늘의 나팔 소리가 울리는 시대가 다가오고 있는 것 같다. 나의 나팔 소리가 허공으로 흩어지지 않고 이웃으로 멀리 퍼져 희망과 기쁨을 전할 수 있기를 기대하며 훗날 저 하늘나라에 올라가서도 그곳의 나팔수가 되어 영원토록 주님을 찬양하고 영광 돌릴 수 있기를 소망한다.

새봄을 맞아 풀과 나무들은 저마다 꽃을 피우며 창조주를 찬양하고 있다. 아직은 듣기 좋은 음질의 아름다운 소리로 꽃을 피우지 못하는 이른 봄철 같은 내가 아내의 피아노 반주에 맞춰 저 천국을 향한 「거룩한 성(城)」을 연주해 본다.

팔순의 나이로 내 영(靈魂)의 나팔 소리도 자녀 손들과 이웃에게 희망과 기쁨을 전할 수 있기를 소망하지만, 나의 믿음의 실천이 그에 걸맞아야 하는 적지 않은 부담감도 생긴다.

차츰 감사와 순종으로 천성을 향하여 나팔 불며 나가는 성도가 되고 싶다.

이럴 수가

　동양화에서는 고결함이 군자와 같이 표현되기에, 매화와 국화 그리고 난초와 대나무를 일컬어 사군자라고 부른다. 그중 난(蘭)은 늘 푸른 잎이 선비의 지조를 닮았고, 잎과 꽃이 이루는 선이 수려하며, 은은하게 풍기는 향이 고고한 기품이 있어, 한인들이 선물로 가장 많이 주고받는다.
　작년 봄, 딸의 일터를 옆 건물로 이전하면서 친근한 이로부터 선물 받은 난(蘭)은 탐스러운 흰색 꽃이 좌우 대칭으로 줄줄이 활짝 매달려 매우 아름다웠지만, 잘 키우는 일은 쉽지 않았다.
　난(蘭)은 다른 식물에 비해 습도에 민감해서인지 관리가 까다로워 물을 때맞춰주고 아침저녁으로 신경을 많이 써줬지만, 예쁘던 순백의 꽃들이 얼마 안 되어 맥없이 떨어져 버리더니, 버팀대에 묶여 겨우 몸을 세웠던 가느다란 줄기도 말라비틀어지기 시작했다. 난(蘭)은 피웠던 꽃이 한 번 지고 나면 다시 피우기 어렵다는 말을 많이 들었기에, 뒷 담장 구석 재스민 울타리 밑 그늘진 곳에 분갈이할 때 사용할 몇 개의 빈 화분들 사이에 그냥 내버려둔 지 한 해도 넘었다. 며칠 전 분갈이 할 화분 한 개를 고르다가 가녀린 몸줄기는 보기 흉하게 뒤틀리고 몇 개 안 남은 잎에는 흙먼지가 뽀얗게 쌓인 쓰레기 같은 화분이 눈에 들어왔다.

작년엔 다이닝 테이블에서 고고한 품위를 자랑하던 난(蘭)이 담장 밑에서 비 오는 날엔 비를 맞고 무더운 날에는 잔디밭 스프링클러에서 가끔 삐져 날아오는 물줄기를 마시며 오늘까지 살아있어 나를 깜짝 놀라게 했다.

어디에 그런 회복력을 숨겨놓고 있었을까? 녹두 알같이 뭉툭한 촉이 한줄기에 셋이나 머리를 내밀었다. 너무도 놀라움에 온 식구들이 들여다보며 "이럴 수가"라는 숨 막히는 탄성을 질렀다.

한줄기에 세 송이씩 두 줄기에 나란히 맺힌 봉오리가 강낭콩만 하게 불룩해지더니, 드디어 첫 송이가 꽃잎을 터트리고 이어 여러 송이의 흰 꽃을 피우며 다시 작은 꽃봉오리들이 더 돋아나기 시작했다.

나는 다시 살아난 난(蘭)이 "삶은 결국 자신의 몫이다!"라고 몸으로 전해주는 말에 귀를 기울이며, 나의 외모는 날로 늙어가지만, 속사람은 스스로 주님께 매달려 모세처럼 눈이 흐리지 않고 영과 육의 기력이 쇠하지 않는 꿈을 가지기로 다짐해 본다. 모세의 한평생은 지팡이로 시작해서 지팡이로 끝났다.

다윗은 물맷돌로, 삼손은 나귀 턱뼈로, 보잘것없는 것들이었지만 그것들이 주님의 손에 들릴 때 엄청난 힘을 쏟아 내었다.

주님께서 이 시간 내게 "네 손에 있는 것이 무엇이냐?"고 물으신다면, 내가 할 수 있는 대답은 "주님! 저는 이제 가진 것이라고는 나이 먹어 늙은 몸뿐입니다."라고 대답할 것이다.

그때 주님은 이렇게 말씀하실지 모른다. "그것이면 됐다!" 나는 그것도 사용할 수 있다!. 그 나이라면 자녀들과 이웃들에게 지혜로운 섬김을 베풀다가 기력이 떨어질 땐 기도의 능력을 구하라!

"이럴 수가!"

한 해를 지내고도 다시 한번 흰색 꽃봉오리들을 활짝 피우며, 어엿하게 다이닝 테이블 한중간에 자리 잡은 난(蘭)은 수줍은 듯 머리숙인 채 고목처럼 몸과 마음이 말라가는 나에게 작은 꽃이라도 피워보라고 끊임없이 눈짓하고 있다.

두 가지 빵

4월에 들어섰는데, 아침저녁으로 썰렁함이 느껴진다. 스웨터를 껴입을 때면, 내 마음을 꿰뚫어 본 듯한 찡그림이 얼굴에 자리하며 어린 시절의 추억이 새록새록 솟아오르곤 한다. 특히나 어릴 적 즐기던, 모락모락 김이 피어오르는 따끈따끈하고 달콤한 찐빵 맛에 담긴 순수한 행복이 그리워진다. 손주들이 뻔질나게 드나드는 주방 식탁 한구석엔 다양한 빵들이 교대로 자리를 지키지만, 어린 시절 나와 절친했던 찐빵, 호떡, 붕어빵들은 여기 캘리포니아에서 만나보기가 쉽지 않다.

요즘, 마트에서는 향이나 맛이 빵과 떡 사이에서 맴돌고 있는 것들이 많다. 모양새나 만들어진 재료들 역시 빵인지 범벅인지 알쏭달쏭하고 식감도 빵과 떡 사이에 서 있어 그 맛의 진정성은 무엇일까?

빵은 지구상에서 오래된 음식 중 하나다. 밀, 보리, 옥수수 등의 가루를 물에 반죽하여 불에 굽거나 증기로 찌거나 기름에 튀

겨서 만들며 빵이란 따스한 이름과 함께 서구에서 우리에게 전해진 역사는 짧지 않다. 나라마다 독특한 빵의 문화가 존재한다. 이들은 각자의 역사와 전통을 담고 있으며, 건강하면서도 맛있는 외모와 맛을 자랑한다. 밀라노의 제빵사 빠네는 또네라는 예쁜 처녀를 사모했다. 어느 날 빵을 만들다가 그만 실수로 많은 양의 누룩과 건포도를 넣어 발효시켰는데 의외로 맛이 있어서 그녀에게 선물했다. 그녀는 부드러운 빵 맛에 반해 서로 결혼하게 되었고 그 후로 이 빵의 이름을 "빠네또네"라 부르며 이탈리아를 대표하는 빵이 되었고 이곳 마트에서도 수입하여 잘 팔고 있다.

프랑스의 바게트, 덴마크의 페스트리, 영국의 머핀, 중국의 호떡, 오스트리아의 베이글, 이집트의 에이슈, 멕시코에 따고, 러시아의 흑빵, 한국의 찐빵 등 각 나라와 민족마다 자기들의 역사와 전통의 의미가 담긴 대표적인 빵이 있다. 그리고 그 대표적인 빵들은 과히 달지도, 자극적이지도 않지만, 건강한 외모와 먹음직한 맛과 향을 자랑하고 있다. 빵은 우리의 삶에 깊숙이 자리한 음식으로 누구나 좋아한다. 빵은 모양과 맛과 냄새도 훌륭하지만, 빵이라는 발음이 더 친근감을 준다. 사람들은 한평생 빵을 얻기 위해 부지런히 뛰어다니지만, 빵을 먹은 육신은 날마다 기력이 쇠하고 낡아진다.

예수님은 하늘로부터 내려와서 우리에게 '하늘의 빵'과 '땅의 빵'에 대해 가르치셨다. 당시에 '오병이어(五餅二魚)' 기적을 본 사람들은 육신의 배를 불릴 수 있는 절호의 기회로만 알고 '땅의 빵'을 얻기 위해 안간힘을 쓰며 주님을 부지런히 따랐다. 그 시대와 지금은 이천년의 격차가 있지만 그때나 지금이나 식생활 걱정, 자녀들 교육, 부부 갈등, 인간관계, 신앙문제에 이르기까지 뭣 하나 변한 것도 없이 사람들은 '땅의 빵'을 구하는 데만 열심이다.

우리의 삶은 이 '두 가지 빵' 사이에서 어떻게 선택하느냐에 따라 결정된다. 인간은 빵을 먹어야 살아갈 수 있다. 그러나 우리가 "땅의 빵"만을 먹는다면 몸은 힘을 얻지만, 영혼은 녹슬기 시작한다. 육체는 건강한데 영혼이 죽는다면 헛된 삶이기에 영혼을 위해서는 '하늘의 빵'도 먹어야만 살 수 있다.

예수님은 오랜 시간을 투자하여 '하늘의 빵'을 우리에게 전하셨다. 굶주린 우리의 영혼을 먹이기 위해 삼십 년을 눈물로 반죽하고, 사십 주야 불타는 광야에서 노릇하게 부풀려 구워내고, 삼년에 걸쳐 각종 토핑을 얹은 후 '하늘의 빵'을 우리에게 손수 건네주셨다. 우리는 '땅의 빵'도 중요하지만, '하늘의 빵'을 향해서는 스스로 달려가고 그 양식을 우리들 자손에게도 전수해야 한다. 향기롭고 맛있는 '땅의 빵'을 뜯을 때마다 '하늘의 빵'도 함께 뜯으며 주님께 감사드리자. 이를 통해 우리의 삶은 진정한 축복 속에 살 수 있을 것이다.

무늬만 장로님

옛날 옛적 어느 마을에 용을 무척 사랑하는 어른이 살았다. 그분은 용을 너무 좋아해서 온몸에 용 문신을 하고, 이불, 가구, 식기까지 모두 용무늬로 갖추었다. 안방에서 건넌방까지 이어지는 용 그림은 그야말로 예술이었고, 이웃들과 이야기할 때도 늘 용에 관한 이야기뿐이었다. 그래서 이웃들은 그를 '용 대감'이라 불렀고, 그분도 그 별명을 무척 좋아했다. 하여간 용에 관한 한 그분을 따를 사람이 없었다.

그 소문은 들은 동해 바닷속 '용왕님'은 무척 반갑고 감격하였다. 용 대감을 한번 만나보고 싶어 '용왕님'은 어느 어스름한 저녁에 엄청난 크기의 선물 보따리를 손수 등에 지고 '용 대감' 집을 찾았다.

"주인장 계시오?" 큼직한 손으로 대문을 두드렸다.

"뉘시오?" 하며 대문을 열고 한 발짝 나선 '용 대감'은 자기 앞에 우뚝 서 있는 검푸른 바위 같은 '용왕님'을 보는 순간 "앗" 소리와 함께 소스라치게 놀라 밤안개 속으로 도망쳐버렸다.

그때 '용왕님'은 매우 실망하여 "저 녀석은 무늬만 '용 대감'이었군!" 섭섭한 한마디를 남기고 용궁으로 돌아갔다는 얘기가 있다.

요즘 유행하는 액세서리는 십자 디자인이라고 한다. 예수님의 사형틀을 작고 깜찍하게 만들어 목걸이, 귀걸이로는 물론, 심지어는 승용차 꽁무니에, 불신자들이나 거리의 아들딸들까지도 애용하고 있다. 그런가 하면 예수님의 인기도 상승하여 예수님에 관한 CD를 거의 다 모은 이웃도 있고, 성지순례 때 사 온 베드로 물고기, 겨자씨 판화, 요단강 물을 담은 보온병 등으로 집안을 장식한 이웃도 있다. 특히 한인 식당이나 가게에 들어서면 대부분의 매장 내에는 가게 번영을 위해 힘이 될 듯한 성경 구절을 목판에 아로새긴 장식품들이 머리 위의 높이에서 가게를 지켜준다.

우리 집도 예외는 아니다. 거실 벽에는 성화가 걸려있고, 서재에는 해묵은 성가대원의 근속 패가 빛나고 있다. 그래서인지 나는 많은 은총과 축복 속에서 살아오고 있다. 그런데 요즘 들어, 나 자신이 차츰 걱정스러워지기 시작했다.

만약 어느 으스스한 날 저녁, 머리에 가시면류관을 쓰고 이마에 피가 흐른 채 양손에 못 자국이 보이는 예수님이 "계시오?" 하며 나를 부르신다면….

아니면 예수님이 흰 눈 같은 옷에 불꽃 같은 눈을 가지시고, 발은 풀무불에 단련한 빛난 주석 같으며, 음성은 큰 물소리처럼, 오른손에 일곱 별을 들고, 얼굴은 해처럼 빛나는 모습의 심판 주로 나를 찾아오신다면, 나는 그 순간 어떻게 대면할 것인가?

"주 예수여! 어서 오시옵소서."

그분의 넓은 품에 안겨 이 땅의 수고와 눈물을 씻고 참 평안을 맞을 수 있을까? 아니면 예수님 장식만 자랑하던 나 역시 '무늬만 장로'가 되어 걸음아 날 실려라, 고 도망쳐 주님을 실망하게 하지나 않을까?

부족하지만 믿음의 열매를 맺기 위해 발버둥을 쳐본 적도, 가련한 어린 소자 하나도 변변하게 챙겨본 기억이 없는데….

이 늦은 시각, 조용히 머리 숙여 묵상에 잠긴다.

주여! 주님의 무늬가 내 뼛속과 마음속에 깊이 새겨지려면 어떤 삶을 살아야 할까요….

이때 내 귓가에 은은히 "예수로 나의 구주 삼고 피와 성령으로 거듭나니…." 찬송이 울려오기 시작했다.

살아계신 나의 하나님

해묵은 CD 한 장이 내 손에 건너와 시청하면서 등골이 오싹하고 식은땀이 흐르는 색다른 경험을 했다. 몇 년 전, 귀신에 관한 사연과 사건들이 사회의 화젯거리로 뒤덮였던 고국에서는, 귀신의 존재가 사람들의 사이에서 유행병처럼 저울질 되고 있었다. 방송국들은 여름철이면 앞을 다투어 경쟁으로 귀신특집을 방영하며 시청률을 올리기 위해 노력했다.

서울 여의도 광장 어느 모퉁이에는 수백 명의 관중이 둥그렇게 둘러서서 숨을 죽인 채 심각한 표정으로 손에 땀을 쥐고, 풍성하게 차려진 굿상 앞에서 무당들이 펄럭이며 춤을 추는 굿판을 응시하고 있다. 주최 측은 전국에서 가장 고명하다는 강신 무당 몇 사람을 초청해 귀신을 불러내는 이벤트를 열었다. 울긋불긋 펄럭이는 무당 옷에 꿩 깃을 꽂아 위용을 나타내는 무당 모자를 쓰고, 손에 콩 방울을 요란스럽게 흔들며, 장고와 꽹과리 리듬에 맞춰 무당들의 현란한 춤으로 굿판은 펼쳐졌다. 굿판이 점점

절정에 달하자, 강신에 취한 무당들은 여러 가지 귀신에 들린 일들을 펼쳐내기 시작했다.

아슬아슬하고 위험천만한 칼춤, 두꺼운 천을 찢기, 막걸리 뿌리기, 그중에 관중들의 가슴을 졸이게 만든 것은 양날이 시퍼렇게 잘 갈아진 작두를 나무 계단 위에 세워놓고 그 날카롭고 써늘한 작두 위에서 맨발의 무당이 오르락내리락 뛰어다니며 덩실덩실 춤을 추었다. 이어 팔팔 살아 꽥꽥 소리 지르는 어린 돼지 한 마리를, 무당 키 높이의 굵은 대나무 막대 위에 올려놓았다. 아무런 보조받침대도 없이 아스팔트에 홀로 세워놓은 대나무 막대는 흔들림도 없이 꼿꼿이 서 있었고, 죽겠다고 몸부림치며 소리 지르던 어린 돼지는 무당의 한마디에 대나무 꼭대기에서 잠들었다.

굿판을 주최한 방송국의 아나운서는 마이크를 손에 들고 관중들 사이를 누비며 인터뷰를 시작했다.

"저, 선생님께서는 귀신이 있다고 생각하십니까? 없다고 생각하십니까?" 이 물음에 지명받은 사람은 한결같이 귀신이 있다고 확신하며 대답했다.

나 역시 CD를 통해 귀신의 놀음을 똑똑히 보았다. 비록 여의도 광장이었지만, 그 자리에는 귀신이 강림해서 사람들의 찬사를 받고 있었다. 나는 그 장면을 보며 많은 것을 느꼈다.

우리는 살아계신 만군의 여호와 하나님을 나의 하나님이라고 굳게 믿는 성도들이다. 하나님을 찬송하고 기도로 간구하며 응답의 축복을 받는 하나님의 자녀들이다. 그러나 마음 한구석에서 무언가 한없는 송구스러움을 느끼게 되는 것은 왜일까?

무당들도 귀신을 불러내려면 목욕재계하고, 마음과 정성을 다해 굿을 하는데, 우리는 창조주를 믿으면서도 하나님의 임재와 주님의 동행하심을 너무도 느끼지 못하며 신앙생활을 하는 것 같다. 또 우리는 삶 속에서 자신도 모르는 사이에 세상을 쉽게 살아가기도 한다. 주님께서 원하지 않는 행동들, 어쩌면 부모 몰래 막 놀아나는 문제 학생들 같은 삶이다.

예배 시간에는 찬송도 있고 기도도 있고 말씀도 있다. 그리고 기쁨도 감격도 능력도 사랑도 넘친다. 그러나 예배드리는 우리들 대부분의 마음은 주님의 말씀을 이루며 살지 못한 현실에 대한 고민과 갈등, 이웃에 대한 무관심 그리고 하나님에 대한 관심도 별로 중요하게 생각하지 않는 경향이다.

지금 우리가 찬양 부르며 예배드리는 이곳에는 우리의 예배를 산 제사로 받으시는 거룩한 분이 와 계신다는 임재를 느껴보지 못하고, 온갖 세상 잡생각에 파묻혀 습관적으로 예배에 참석한다면 오늘의 예배는 가인의 제사와 별 다를 바 없다. 죄인 된 내가 죽지 않고, 내 욕심과 정욕이 죽지 않고, 두 주인을 섬기며 드리는 예배는 마치 부자 될 꿈을 꾸면서 아브라함의 품에 안기려는 욕심쟁이일 뿐이다.

우리는 하나님의 마음을 느껴보도록 노력하고 힘써야 한다. 그것이 잘 안 되면 고민이라도 해보자. 신앙생활이란 내 자아가

죽어야만 꽃이 피어난다. 피곤하고 힘겨운 이민 생활도 숨차지만, 엘리야의 갈멜산 기도처럼 "살아계신 나의 하나님"을 힘차게 부르짖자.

6부

여정(旅程) _멀리멀리 갔더니

호랑이는 죽어서 가죽을 남기고

가정의 굴레를 벗어난 황혼기의 남가주 사랑의 교회 여호수아와 마리아 회원 80여 명은 시간의 흐름을 안타까워하며 입이 귀에 걸린 듯 함박웃음 소리는 그치질 않았다.

사흘 동안의 샌디에이고 여행은 목사님과 조 장로님 내외 그리고 마음과 정성을 다한 총무단의 섬김으로 회원들은 오랜만에 삶의 보람을 느끼다 못해 젊어지는 샘물을 마신 듯 얼굴에 홍조를 물들이며 설렘과 즐거움을 한 아름씩 안았다.

세계 각지에서 밀려드는 "MIDWAY 항모관광" 인파와 혼잡을 피하고자 총무단은 회원을 열 명씩 나누고 각각 조장의 인솔로 호랑이사냥을 선포했다.

설레는 마음을 다스리며 부둣가에 연결된 호랑이 굴로 들어선 우리 조는 조장을 따라 엘리베이터를 먼저 타고 항공모함의 갑판으로 올라갔다.

고층 건물의 옥상인 양, 파란 하늘 아래 사방이 탁 트인 시원함과 검푸른 태평양, 해안에는 소박하고 무게감 있는 스페인의 중세식 건축물들, 갑판의 높은 관제탑과 빙글빙글 돌아가는 레이다 그리고 줄줄이 서서 전투 대기 중인 듯한 수십 대 제트기의 위용에 항모를 처음 타보는 나는 그 웅장함과 엄청난 규모에 압도되었고, 과거와 현재가 어우러진 역사의 향연을 만나게 되었다.

정신 차리고 보니 항모는 가죽만을 남긴 죽은 호랑이였다. 그러나 남산만 한 크기의 무쇠 호랑이가 바닷물 위에 둥둥 떠 있다는 사실이 기적처럼 신기했다.

갑판 위를 바쁘게 뛰어다니는 흰 군복의 늠름한 해군들, 기름 밴 앞치마를 두른 기관실 요원들, 긴 장대 붓으로 끊임없이 페인트 작업을 하는 작업 병사들, 숨은 멎은 지 오랬으나 아직 심장엔 약한 박동이 느껴지는 식물 항모인가 보다.

갑판이 호랑이 머리라면 이번엔 뱃속으로 깊이 들어가 보았다. 갑판의 넓고 황량함과는 정반대였다. 온통 호두 껍데기 속같이, 아니 개미굴같이 복잡하고 혼란했지만, 이것들은 삶의 다양한 측면을 나타내고 있었다.

모든 통로는 한 사람만 통과할 만큼 비좁았고 천장도 낮아 답답했다. 각층을 오르내리는 층계는 급경사로 함부로 발 디디기 불편했고 겹겹이 쌓인 층마다 사무실, 숙소, 주방, 세탁소, 싸롱, 오락실들이 미로같이 연결되었다. 어느 층에는 아담한 예배실이 자리를 잡았고 강단 위에는 성경책이 펼쳐져 있어 이 예배실이

항모의 영적 원동력임을 알 수 있었다.

　미드웨이는 1945년에 취역하여 세계 2차대전과 베트남전, 이라크전과 걸프전 등 47년간의 업무를 마치고 1992년에 퇴역했다. 그 후, 캘리포니아주 샌디에이고 해안에 안착하고 박물관으로 개조되어 샌디에이고의 대표적인 관광명소 중 하나로서 현재까지 성황리에 운영되고 있다.

　살아서는 용맹한 전투함이요, 죽어서는 소문난 관광지로 수많은 종업원의 생계는 물론이고 지구촌 사람들에게 군인들의 희생과 노력에 대한 존경과 감사의 마음을 전하며 전쟁의 허무함을 알리고, 죽은 호랑이가 벌어들이는 수입은 가히 황금알을 낳는 거위임을 보면서, 삶의 의미를 다시 한번 생각해 보게 된다.

　 호랑이가 죽은 후에는 가죽을 남긴다는 속담은 사람은 죽은 다음에 생전에 쌓은 공적으로 명예를 남기게 된다는 뜻을 비유적으로 이르는 말일 거다.

　위대한 화가는 걸작품을 남기고, 소설가는 명작을, 훌륭한 정치인은 이름을 남긴다. 그러나 그들로 인해서 지금의 땅이 건재한 것이 아니다. 전쟁터에서 이름 없이 쓰러져 간 사람들, 묵묵히 이름을 드러내지 않고 살아온 서민들, 유명 예술인들의 작품을 감상하고 손뼉 쳐 준, 이름을 남기지 않은 열렬한 팬들의 피와 땀으로 세상은 이어져가고 있다.

　"노병은 절대로 죽지 않고 다만 사라질 뿐이다."라고 인천상륙작전을 성공적으로 이끌어 전세를 역전시킨 영웅 "더글러스

맥아더 장군"의 고별 연설 한 구절도 같은 맥락이다. 하지만 성도들의 사고는 좀 다르다. 흔히들 성도들은 이름도 없이 빛도 없이 주님만 위해 살다 간 이들의 삶을 본보기로 여기며, 그 믿음의 발자취 닮기를 소원한다. 성도들은 자신의 이름 석 자와 어떤 흔적을 세상에 남기느냐보다는 우리가 어떤 마음가짐으로 그 흔적을 만들어 가며 오직 주님만이 드러나는 삶을 원하기 때문이다.

노년의 여호수아 회원들과 마리아 회원들의 나이는 단지 숫자에 불과하다. 살아있는 동안은 언제나 청춘이다. 마음이 청춘이면 외모나 나이는 하등 문제 될 것이 없다. 그리고 움직일 수 있는 동안은 인생의 정년이란 있을 수 없다. 마음이 움직이지 않고 열정이 없을 때, 그때가 바로 정년이다.
한평생을 살아가는 동안 우리가 어떤 흔적을 남기느냐, 그것이 우리의 가치를 결정하는 것은 아니다. 중요한 것은 어떤 흔적을 남기느냐에 대한 우리의 마음가짐이다. 지금 우리는, 이 순간에도, 살아가는 동안 어떤 흔적을 남길 것인지에 대해 고민해야 할 것이다.

황금 부처님과 돌 예수님

 몇 해 전, 황금과 보석의 나라 태국의 수도 방콕으로 날아갔었다. 본국 교육부 주최의 재외 한인 자녀들의 모국어 교육 활성화를 위한 심포지엄에 참석하기 위해서였다.

 태국은 남한보다 다섯 배나 넓은 땅에 7천만 인구가 살고 있으며 국민 대부분이 부처님을 신봉하는 신실한 불교국가였다. 부처님은 태국 국민의 일상생활 속 깊숙이 자리 잡았고, 그 덕에 고승들은 높은 존경과 추앙 속에서 살아가고 있었다.

 이런 분위기 덕분에 도시와 마을의 불교사원들은 사회와 종교 생활의 중심부가 되었으며, 나 역시 부처님의 그윽한 자비 속에서 열흘간을 즐겼다.

 부처님께서는 그 크고 보드라운 손바닥으로 나라를 감싸고 보호하기에 이제껏 한 번도 외세의 지배를 받은 적이 없는 왕국이란 대단한 긍지와 자부심으로 살아가고 있었다. 그러나 깎아지른 듯 높은 빌딩 숲 사이로는 흐르는 낡은 운하의 가장자리에는 수백 년의 때를 벗지 못한 빈민들이 다닥다닥 촌락을 이뤘다. 그리고 그들은 많은 재산을 가진 자들과의 갈등으로 눈을 부릅뜨고 있었다.

"뚝뚝이"라 불리는 삼륜 오토바이 택시는 도심의 공기를 혼탁하게 만들었고, 길거리 곳곳에서 흔히 볼 수 있는 마사지 시술소들은 서민들의 힘겨운 살림살이를 은근히 보여주고 있었다.

방콕의 매력을 짧은 여행으로 다 알 수는 없지만, 시내를 흐르는 짜오프라야강 변을 거닐며 도시의 아름다운 자연환경에 감탄했다. 그러나 건널목 표시조차 없는 네거리에서 서로 마주치는 주민들의 피곤한 모습에서 그들의 고뇌를 쉽게 읽을 수도 있었다.

높은 산과 언덕 그리고 큰 빌딩 입구나 네거리마다 황금 부처님이 자리 잡았다. 그러나 인간의 깨달음이 너무도 열악하여 축복만을 구하고 살다가 스스로 나약해지는 것은 아닌가 하는 생각이 들었다.

불교는 원래 부처님께 복을 비는 것보다 석가처럼 세상 욕심을 버리고 자신의 문제를 깊이 깨달아 도를 터득하면 고통의 세상을 떠나 영원한 행복의 상태로 해탈하여 성불, 즉 부처님이 되는 것을 목표로 한다. 그러나 현대인들은 자비로운 부처님 앞에서 너무도 세상 부귀와 순간적인 영화만을 간구하는 것처럼 보였다.

태국에서 돌아온 바로 다음 주에는 중남미 기독교 행사에 참여하기 위해 리우데자네이루를 방문했다. 그곳에서는 예수님이 친히 전 세계 관광객들을 불러 모아 시(市) 살림을 알뜰하게 꾸려주고 있었다.

케이블카로 올라간 '뻥디아슈가' 바위 꼭대기에서 내려다본 도시 전경은 그야말로 사람의 말로는 다 표현키 힘든 대자연의 아름다운 걸작이었다. 구불구불한 언덕들 사이는 코발트색 바닷물이 메우고, 흰 갈매기의 날갯짓에 따라 일렁이는 흰 파도가 기다란 진주목걸이를 연상케 했다.

도시 중간의 가장 높은 산꼭대기에는 웅장하고 거대한 크기의 돌 예수님이 양팔을 벌려 리오의 모든 주민을 품어주었다. 리오에 사는 주민들의 가슴속에는 오로지 돌 예수님이 일상의 상징으로 자리 잡고 있었다.

이렇듯 돌 예수님을 골리앗보다 훨씬 크고 믿음직스럽게 만들어 세워놓은 리오와, 대형 황금 부처님상을 우뚝 세워놓은 방콕이, 빈부의 심각한 불균형과 마약, 음란, 폭력 그리고 온갖 부조리의 혼돈 속에서 괴로워하는 이유가 무엇일까?

아름다운 자태와 그윽한 향기로 동서양 모든 사람의 사랑을 받는 순백의 백합꽃도 시들거나 썩어갈 때는 인간이 가장 혐오하는 냄새를 풍긴다.

우리가 마음과 뜻을 다하여 하늘을 섬기고 이웃을 사랑하고자 하는 마음에서 멀어져 나만의 세속적인 이익을 위하여 주님을 도우미로 사용하고 싶은 영혼의 병이 든다면, 주님께서는 그 인생을 염려하시며 회심하고 돌아올 날만 기다리신다. 우리도 두 도시와 마찬가지로 마음속에 탐심을 가득 채우고 진정 모셔야 할 분들을 큰 우상으로 만들어 몸 밖에 세워놓고, 정신적 공황 속에서 욕심과 죄와 사망을 잉태하며 향방 없이 살고 있는 것은 아닐까?

이사야 선지자가 전한 하나님의 말씀이 떠오른다.

"이 백성들이 입으로는 나를 가까이하고 입술로는 나를 존경하나, 마음은 나에게서 멀리 떠나 있다. 그들의 신앙은 사람의 가르침과 규정에 얽매여 있다. 그러므로 내가 이 백성이 돌아서지 않으면 무서운 형벌을 내리겠다. 그들 가운데 지혜자가 어리석게 되고, 총명한 자들의 총명이 쓸데없게 될 것이다."

우리의 신앙이 진정한 깨달음을 얻도록 하기 위해, 지금은 신앙을 바르게 회복해야 할 때이다.

참 아름다워라

　미국 땅에 처음 발을 디딘 젊은이는 순간의 경이로움과 안도로 감사의 마음이 흘러넘쳤다. 그가 하늘에 소원을 전하자, 하늘은 풍성한 아름다움으로 응답했다.

　이 젊은이는 외로운 나그네의 길을 염려했지만, 하늘은 그에게 복되고 풍족한 삶을 살도록 아름다운 대자연을 선물로 내려주었다. 하늘이 안내한 곳은 자연 그대로인 마을 뒤편 깊숙이 자리 잡은 공원이었다. 회색 줄무늬 다람쥐들이 숲속을 즐겁게 뛰어다니고, 안경테를 두른 두더지가 방긋 웃었다. 벌새들은 공중에 유유히 떠돌며 꽃동산과 잘 가꿔진 관상목들 속에서 재롱을 부린다.

　붉은 노을과 밤하늘의 별들도 자연의 아름다움을 노래하고 있었다. 그러나 이 공원의 아름다움을 대수롭지 않게 여기는 젊은이는 더 나은 선물을 원했다. 하늘은 흰 눈 모자를 눌러쓴 LA 근교의 산맥들과 청록색 호수, 그 위를 자유롭게 떠다니는 백조와 오리 떼를 보여주었지만, 그는 고국에서도 볼 수 있는 보편적인 풍경이라며 별 반응을 보이지 않았다.

하늘은 참고 참으면서 마지막으로 그를 드넓고 황량한 사구(沙丘)와 모래 속에서도 꿋꿋하게 자라는 밑동 굵은 선인장들, 한없이 넓게 펼쳐진 붉은 암석층과 기암괴석들, 땅을 쭉 길게 찢어 갈라놓은 깊은 계곡과 그 아래 흐르는 맑은 시냇물로 안내했지만, 그것 역시 그의 눈에는 차지 못했다.

마침내, 하늘이 창조한 걸작품들을 모두 대수롭지 않게 여기는 젊은이를 향해 하늘은 성을 내기 시작했다.

"참 아름다움에 감사할 줄도 모르는 망부석 같은 녀석아! 너는 한평생 지옥 같은 곳에서 흙이나 파먹고 살아라!"

하늘이 분노의 소리를 외치자, 젊은이는 곧 번잡스럽고 시끄러운 다운타운 한복판 낡은 아파트 중간층으로 도망쳤다. 대자연의 아름다움과 신비함의 감격과 누림에는 너무도 백치라고 할 만큼 아둔한 젊은이는 그 후 그저 재고품들로 가득 찬 의류 창고 속에서 탁한 공기를 마시며 살게 되었다.

조금씩 불어나는 달러($)를 친구 삼아 악착같이 일하며 남보다 더 많이 소유하는 것이 승리의 비결이요, 영광의 지름길이라 확신했다. 형제와 이웃들도 멀리한 채 살고 있는 그의 삶은 날로 삭막해지며 그의 인간미는 더욱 겨울 나그네로 변해가고 있었다.

어느 날, 그는 문득 거울을 들여다보고 깜짝 놀랐다. 이미 머리에는 하얗게 서릿발이 내렸고 장부책의 작은 글자들은 돋보기 없이 읽을 수가 없이 작아져 있었다. 하늘도 이제는 더 이상 그를 젊은이라고 부르기에 지쳤다.

그는 자신을 둘러싼 애타고 답답함이 생길 때마다 마음을 가볍게 해보려고 마을 뒤편의 공원까지 산책해 보지만 늘 그 자리였다.

어느 주일날 아침, 한인교회 어린이들이 공원에서 찬양하며 야외에서 예배드리는 부근으로 걷게 되었다. 우연히 귀에 닿은 그들의 찬양은 마음속 깊이 미소를 머금게 했다.

"참 아름다워라, 주님의 세계는 저 솔로몬의 옷보다 더 고운 백합화. 아침 해와 저녁놀 밤하늘 빛난 별, 망망한 바다와 늘 푸른 봉우리, 저 산에 부는 바람과 잔잔한 시냇물, 그 소리 가운데 주 음성 들리니 주 하나님의 큰 뜻을 내 알 듯하도다."

대자연은 창조주의 손으로 지어진 걸작품이란 깨달음이 순간적으로 그의 뇌리를 뚫고 지나갔다. 그 순간, 아름다움을 깨달을 수 있다는 깨달음이 밀려들었다.

그는 어린이들이 찬양하는 소리 뒤로 살며시 걸어가, 뒤늦은 뉘우침에 머리를 숙이고, 희망과 기쁨이 가득한 새로운 시작을 결심했다.

이제껏 놓쳤던 아름다움과 감사함을 느끼며, 참 아름다운 세상에서 새로운 여정을 시작하려는 것이다.

지금까지 지내온 것

　주일마다, 교회 뒤뜰의 카페 한구석은 할아버지들의 사랑방으로 변한다. 그곳에서 커피 한잔을 손바닥으로 감싸 쥐고 나도 영감님들 대화 속에 몰입했다.

　오늘의 화젯거리는, 몇 해 전 히트 영화 「국제시장」으로부터 시작되었다. 십여 명의 흰머리 팔순들이 둥글게 둘러앉은 중심에는 오래전 독일에 광부로 건너가 모진 고생 끝에 돈도 벌고, 그곳에서 간호사로 일하던 현재의 마나님을 만난 영화의 주인공 같은 최 집사님이 계셨다.

　독일에서의 힘든 광부 생활, 십일조의 원천징수 그리고 간호사와의 로맨스 이야기는 끝없이 펼쳐졌고, 흥남 철수에 관한 이야기들로 흥미로웠다. 흥남 철수의 주인공 메러디스호의 마리너스 선장은 휴전한 뒤 가톨릭 종신 수도사가 되어 평생 수도원을 떠나지 않았고, 그 배는 단번에 가장 많은 1만 4천여 피난민을 구출한 공을 인정받아 기네스북에 올랐다고 한다. 우리 가족 역시 그 영화의 주인공과 크게 다르지 않았던 기억이다. 서울이 온통 불바다로 적군의 손에 함락되고 있는 때였다. 부모님은 전선에 나가 생사도 모르던 맏아들을 가슴에 묻고 맏며느리와 세 살배기 맏손자 그리고 어린 세 아들과 팔순 노모를 이끌고 인천 부둣가로 내려갔다.

흥남 철수와 조금도 다름없는 아귀다툼 속에서 우리 식구는 LST라는 미군 상륙함에 올라 사흘 만에야 부산 중앙부두에 도착했고 그 와중에 편히 발을 디딜 수도 없었던 할머니는 부산 피난민 수용소에 도착하자 마지막 숨을 거두셨다. 이후 제주도를 거쳐 우리는 부산 영도섬 산 중턱에 조그마한 판잣집을 짓고 나는 피난 학교에 입학하여 교과서는 물론 마땅한 공책과 연필도 없이 빈손으로 등교하였다. 낡은 칠판만 쳐다보는 시각 수업으로 구구법을 터득했다. 부모님은 부산 국제시장 진입로에 군용 간이침대 하나를 펼쳐놓고 메리야스 속옷가지들을 팔았고 두 형님은 깨엿 몇 줄을 담은 조그마한 목판을 목에 걸고 뛰어다니며 엿을 팔기도 했다.

"국제시장"을 보면서 눈에 끝없이 눈물이 고였던 것은 이 영화가 우리 부모님 세대의 생생한 고백이자, 이 고생을 우리 후손이 아니고 우리 스스로가 견디어야 했던 것이라는 메시지를 담고 있었기 때문이다. 그러나 우리 부모님은 "너희 자녀들은 예언할 것이요, 젊은이들은 환상을 보고, 노인들은 꿈을 꾸리라"고 하신 성경 말씀을 신봉하셨다. 그런 말대로, 험난한 시대에도 부모님은 십자가를 든든히 붙잡고 자녀들을 보듬고 안아주며 서로 어우러져 살았기에 어려움을 빨리 극복할 수 있었다.

전쟁의 기억은 시간이 지나도 사라지지 않았다. 70년이 지나도록 우리는 작은 공간에서도 더 나은 삶을 꿈꿀 수 있게 되었다. 한국이 국제사회에서 강력한 위치를 차지하고, 안정된 국가가 되기 위한 시점이 왔다. 온 가족이 둘러앉아 웃고 즐기는 순간에도, 주인공은 피난길에서 아버지로부터 받았던 저고리를 손에 들고 눈물을 흘린다.

"아버지 예, 내 약속 잘 지켰지 예, 이만하면 내 잘 살았지 예, 근데 내 진짜 힘들었거든 예!"라며 울먹인다.

단 한 번도 자신의 삶을 살아보지 못하고 가족을 위해 희생한 아버지의 눈물이지만, 우리 세대에게는 한 평범한 아버지의 위대한 이야기로 기억될 것이다. 그리고 마지막으로, 주인공은 허무함을 이기며 "지금까지 지내온 것은 주의 크신 은혜"를 고백하며 안방을 떠나지 않고 아들, 손자, 며느리와 함께 머리 숙여 감사의 가정예배를 드리는 우리 가정의 든든한 모습으로 마무리 짓고 싶다.

커피잔에 흐르는 세월의 노래

최근 나는 냉수 한 컵보다는 김이 모락모락 피어오르는 커피 한잔을 더 선호한다. 그 이유는 커피 한 잔이 내게 더 많은 이야기와 감정을 전달하기 때문이다. 커피 한 잔은 마치 작은 세상을 품고 있는 것처럼 느껴진다. 그것은 생산지, 원두의 종류, 가공 방법 그리고 추출 방식에 따라 다양한 풍미와 향을 제공한다. 하지만 이 다양성은 더 나아가 나라와 사회, 심지어는 함께 마시는 상대에 따라서도 맛과 느낌이 변화하는 것 같다.

70년대, 나는 반도체 조립회사에서 엔지니어로 근무했다. 아침마다 사무실로 들어서면 아담한 꽃무늬 도기 잔에 각설탕 두 개를 넣은 커피 한 잔을 마시며 조간신문의 헤드라인을 읽을 수 있었다. 그 당시의 커피는 짙은 갈색을 띠었지만, 그 안에 감춰진 부드럽고 고소한 맛은 지금까지도 생생하게 기억에 남아있다. 그러나 그 당시, 나는 여유롭게 커피 맛을 즐기기보다는 업무의 스트레스와 뉴스의 큰 글자에 열을 받아 벌컥벌컥 마실 때가 많았다.

젊고 활기찬 시절, 나는 정부의 독선과 고위층들의 오만에 분노하여 야당 지도자의 목소리와 정치평론가들의 논평을 진리처럼 귀담아들었다. 내 삶은 평범한 민초였지만, 매일 낮아지는 삶의 만족도와 상대적인 불평등 그리고 사회를 향한 불만이 아침 커피의 깊은맛을 가렸다.

해가 바뀔 때마다 정치인, 경제인, 사회학자들의 예측은 항상 절망적이었고, 유류가격의 변동, 북한의 협박 그리고 광주사태와 같은 불행한 사건들은 내 마음을 무겁게 했다.

80년대, 나의 고집으로 우리 가족은 브라질 상파울루로 이주했다. 그곳은 세계 최대의 커피 생산국으로 각종 원두커피를 저렴하게 즐길 수 있는 곳이었다. 매일 아침, 일터에서 동료들과 함께 앙증스럽게 작은 갈색 오지 잔에 흘러넘치는 검은 사약 같은 커피를 마시며 하루의 일과를 시작했다.

브라질의 레귤러 커피는 검은 색깔과 진한 향을 자랑했다. 한 모금씩 마실 때마다 입안에서는 달콤함과 쓴맛이 교차되면서 입속이 개운해지고 머리는 상쾌해지면서 몸은 약간 나른한 기분이 들었다.

그 당시에는 고국의 뉴스는 접하기 어려웠고, 브라질 신문은 읽고 해독할 수준이 못 되었기에 세상 형편을 무시하고 커피의 맛을 즐겼지만, 마음 한구석에서는 답답함을 느끼곤 했다.

이민 선배들의 입을 통해 듣는 그 땅의 전망은 한결같이 부정적인 예측으로 가득했다. 잦은 화폐개혁, 환율상승, 세금 인상, 남미 IMF 같은 문제들이 브라질을 더욱 어렵게 할 것이라 예언했다. 그러나 나에게는 인종차별 없는 그들의 착한 국민성, 풍부한 먹거리 그리고 아름다운 초록의 자연경관, 열렬한 축구 애정으로 인한 삶의 질은 한국보다 더 뛰어나 보였다.

2000년의 밀레니엄을 맞아 새로운 삶을 기대하며, 세 딸과 사위, 여덟 손주가 살고 있는 LA로 달려왔다. 신선한 공기를 호흡하며 아침 산책의 마감은 이웃들과 가까운 맥도널드에서 시니어 커피 한 잔씩을 마시거나, 집에서 아내가 내려주는 커피를 큰 머그잔에 따라서 마시며 아내와 마주 앉아 진솔한 이야기를 나눈다.

미국 땅의 커피는 맛과 향이 부드럽고 경쾌하며 연한 색상을 띄지만, 크림과 설탕 또는 각얼음 같은 다양한 조합으로 풍미를 높일 수 있었다.

큰 머그잔 속에는 모든 어려움이 마치 소용돌이처럼 지나가는 것이 느껴진다. 물론 금융위기와 경기의 침체, 잦은 지진과 산불, 총기 난사 같은 부정적인 뉴스도 많지만, 그런 어려움들은 머그잔 속에서 시간과 함께 지나간다.

오늘 아침, 아내가 막 내린 머그잔의 따끈한 커피를 양 손바닥으로 감싸 쥐고 마시며 지구촌 뉴스를 시청했다. 계속되는 러시아의 우크라이나 침공과 하마스의 잔인한 이스라엘 테러에 관한 뉴스를 접하며, 나도 모르게 학창 시절 "하나님이 보우하사 우리나라 만세"를 힘차게 봉창하던 일이 기억난다.

성경은 "한 국가의 운명은 하나님의 손에 달려있다."라고 말한다. 오늘 내가 할 수 있는 일이란 고향 땅과 내가 발붙인 미국 그리고 전쟁터로 변해가는 지구촌을 위해 무릎 꿇어 기도하는 일뿐이다. 따라서 내 가족과 지구촌의 미래는 전문가들의 예측보다는 나와 하나님과의 바른 관계에서 찾아야 하겠다.

우리 지구촌의 사람들이 은총의 향기가 흘러넘치는 커피를 마시며 주님의 사랑을 노래하는 그날을 기대해 본다.

이 몸이 새라면

봄은 숨죽이고 있던 생명이 다시 움트고 피어나는 계절이다. 그러나 우크라이나의 봄은 뜻하지 않은 러시아의 침공으로 자기 고향 땅에서 수많은 노인과 여자와 어린이들까지 피어나지 못한 채 세상을 떠나는 슬픈 계절이다.

러시아는 폭격기와 탱크 그리고 많은 지상군을 투입하여 순식간에 주요 도시들을 포위하고 압도적인 전황으로 다시는 일으켜 세우기 힘들도록 미래까지 처참하게 부수며 주민들을 끔찍한 피난길로 내몰고 있다.

아빠들은 가족을 국경까지 데려다준 뒤 눈물을 닦으며 다시 고향의 전쟁터로 돌아가는가 하면 혼자 살아남은 세 살배기가 심한 상처를 치료받으며 엄마 아빠를 애타게 찾는 영상은 지구촌을 눈물로 젖게 했다.

땅속에 묻힌 미물 같은 씨앗도 대지를 뚫고 나와 사람을 만나 꽃이 되는 이 봄에 그것을 누려야 할 사람들은 서로 흩어지고 찢겨 한겨울보다 혹독한 고통을 겪는다. 오직 살아만 있기를, 다시 만나기를 고대하며 시련의 시간을 살아가는 사람들이 어찌 그들 뿐일까.

오래전, 피난길에 제주까지 밀려가 어느 낯선 초등학교에 편입되었는데 두 해를 담임하신 선생님은 아담하고 다정하여 우리 막내 이모 같은 느낌이었다. 선생님은 노래를 좋아하셔서 매일 음악 시간이 있었고 그때마다 두 손으로 박자에 맞춰 지휘하셨다. 하루의 수업이 끝날 시간에는 교실마다 합창 소리가 거칠고 당당하게 울려 퍼졌다.

「전우의 시체를 넘고 넘어」 또는 「무찌르자 오랑캐 몇백만이냐」 등의 노래가 고작이었지만, 우리 선생님은 매일 똑같이 「이 몸이 새라면」을 네다섯 번 불러야 집에 보내주었다. 어렸지만 선생님의 형편과 처지를 알게 되면서 애련의 감정이 생겼다.

선생님은 검푸른 바다를 건너 전쟁터로 나가 소식 끊어진 남편을 기다리며 어린 아들과 시어머니와 세 식구가 힘겹게 살고 계셨다.

선생님은 교실 창을 통해 멀리 남쪽 바다 수평선을 바라보며 「이 몸이 새라면」을 부르셨는데 반세기가 훨씬 지나도 노랫말과 곡조, 하염없이 창밖을 바라보시던 모습이 떠오른다.

"이 몸이 새라면 이 몸이 새라면 날아가리
저 건너다보이는 저 건너다보이는 작은 섬까지"

야원 선생님이 애처롭고 간절한 모습으로 우리와 합창할 때 우리는 같은 마음이었다. 선생님은 새가 되어 전쟁터로 날아가 애타게 그리는 남편을 찾기를, 어린 아들과 큰 독수리를 타고 멀리 떨어진 안전하고 평화로운 나라로 옮겨가서 살기를 바랐다.

또 선생님은 미국에 호감을 느끼셔서 수업 시간에 미국이란 글자만 스쳐도 한국전쟁을 도맡아 치르고 있는 미군에 대한 고마움과 평온하고 안정된 큰 나라에 대한 믿음을 우리 마음과 머릿속에 깊이 넣어주셨다.

많은 세월이 지난 오늘, 선생님의 모습은 초점이 맞지 않아 희미하지만 내가 질풍에 휘감겨 선생님이 그렇게도 원하시던 미국 땅에서 자유를 누리며 풍족한 삶을 살고 보니 그때의 선생님이 떠오르는 것이다.

아침 녘, 노년의 삶을 사는 미국 땅, 평화로운 이 마을에서의 산책은 석양의 삶에 활기와 생기를 되찾아 준다. 길 끝자락에 자리 잡은 골프장 길섶 잡초들 잎사귀에 내려앉은 이슬방울은 아침 햇살에 보석을 뿌려놓은 듯 황홀하고 찬란하다.

골프장 한복판을 흐르는 실개천이 만들어 낸 연못가에서 노니는 각종 이름 모를 들새들과 물오리들을 물끄러미 바라보노라면 나도 모르게 「이 몸이 새라면」이란, 슬픔이 깔린 선율의 노랫말이 입가를 맴돌며 지난날이 떠오른다.

왜 사랑하는 가족과 흩어져 한평생 그리움으로 살아야 하는가?

왜 다치고 상처받은 채 평생을 고통 속에서 살아야 하는가? 인간은 그 누구에게도 고통이나 억울함을 당하지 않고 살다가 눈을 감을 권리가 있다. 누가 누구의 삶에 공포를 심어주고 삶을 빼앗을 권리를 주었는가? 이 권리는 오직 하늘의 손에 달려있으므로 지도자들은 하늘을 두려워하며 인간의 권리를 존중할 줄 알아야 할 것이다. 다시는 타의에 의해 몸 상하는 일과 맘 찢어지는 일이 없어야 할 것이다.

큰 소망을 품고 자라는 우리의 꿈나무들이 지혜롭고 능력 있는 훌륭한 지도자로 성장하여 지구촌 어디에서나 「이 몸이 새라면」을 서럽게 부르는 일이 없는 태평성대 이루기를 기대해 본다. 이제 부모 된 우리가 할 일은 그들을 잘 기르고 보살피며 그들을 위해 기도하는 일일 것이다.

뉘우침의 노래

　이른 아침, 희미하게 날이 밝아오는 마을 공원, 건강을 향한 한인들의 거분거분 발걸음 소리가 마음을 따스하게 감싸준다. 싱그러운 공기 속에 친근한 이들의 대화 소리가 물들여지고, 빙 둘러앉은 십여 영감님들은 서로의 절박했던 추억을 나누며 우정과 연민이 피어나고 있었다
　팔순이 다 되어가지만, 항상 웃는 얼굴에 온화한 눈매를 지닌 박 영감님이 가슴속 깊이 가라앉은 지난날의 색 바랜 흑백사진을 공개하였다.
　6·25전쟁이 몹시 세차고 치열할 때, 북녘땅에서는 청소년들까지도 강제로 징집했다. 그는 학생 신분으로 부모와 형제를 떠나 인민군에 편성되어 죽을 고비를 여러 차례 넘기며 남진하다가 유엔군의 포로가 되어 거제도 수용소를 거쳐 부산으로 흘러들어왔다. 부산항에서 막노동으로 겨우 입에 풀칠하며 초라하게 살아갈 때는 바다 위를 나는 갈매기의 울음소리조차 삶의 흐느

낌으로 들렸다.

부둣가 맞은편 언덕 위에는 하늘색 UN 깃발이 나부끼는 군부대가 주둔하고 있었고 그 뒤편 미로같이 복잡한 골목 속에는 유엔군을 상대로 몸을 팔며 살아가는 막장의 여인들이 그림자처럼 오글거렸다.

어느 날, 그 동네를 우연히 지나가다 익은 고향의 말씨를 쓰는 여동생 또래를 만나 서로 인사를 주고받았다. 그녀는 내 고향집에서 멀지 않은 읍내의 알만한 가문에서 태어나 여학교를 다니던 양갓집의 규수였다. 그녀 역시 전쟁통에 부모 형제와 헤어져 수많은 난관과 우여곡절 끝에 인생의 막장 골목까지 흘러들어와 겨우 숨만 쉬며 살고 있었다. 서로 사투리가 이어져 어려움과 상처를 공유하다 보니 연민의 고리가 형성되었다. 그는 그녀와 마주칠 때마다 전쟁은 곧 끝날 것이고, 고향 땅으로 함께 달려가 무지개 꿈을 꾸며 행복하게 살자고 굳게 약속했다.

어느 아침, 그녀가 어떤 험한 일을 당했는지는 몰라도 잔뜩 부은 얼굴에 헝클어진 머리 그리고 단정치 못한 옷매무새로 분위기 험악하기 짝이 없는 부둣가 막노동판으로 들어와 그를 찾았다. 너는 저런 여인과 동류냐고 묻는 듯한 동료들의 냉소적인 시선이 부끄러워 그는 자신의 감정을 억누르지 못했다.

무슨 사건이 있었는지 그녀의 자초지종은 들어 볼 생각도 없이, 사선에서도 살아남은 네가 어쩌다 이렇게 마음 약한 여인이 되었냐는 자괴감으로 역정을 내었다.

"왜 그런 몰골로 이런 곳까지 날 찾아왔느냐? 그렇게 약해서 어떻게 세상을 살겠느냐?" 정신 놓지 말라고 큰소리와 우격다짐으로 그녀를 뒤돌려 세웠다. 이후 몇 주 동안, 그 여인의 그림자도 볼 수 없었다. 머쓱한 마음으로 미로 같은 골목을 헤매며 그녀를 찾아 나섰다. 찾던 그녀는 끝내 안 보였고 그녀 친구들이 그를 뒷산으로 인도했다.

뒷산, 풀 한 포기 덮이지 않은 조그마한 붉은 흙더미 앞에서 맥없이 그는 주저앉았다. 아침부터 누군가로부터 억울한 일을 당하고 마음을 진정시킨다고 외출하고 돌아오더니 그녀는 이제 더 이상 살고 싶지 않다는 말을 남기고, 저세상으로 가버렸다는 것이었다. 이후 그는 늘 자신의 입놀림과 비겁함을 후회하고 스스로 꾸짖으며 죄책감에 시달리며 살아왔다.

지난날을 회상하던 영감님은 둘러앉은 친구들의 시선은 아랑곳도 안 하고 주름 잡힌 눈가에 흐르는 눈물을 닦기 시작하시더니 점점 흐느끼며 어깨까지 좌우로 흔들기 시작했다. 최근에는 이웃의 전도를 받아 가까운 교회에 출석하기 시작했다고 한다.

목사님의 말씀은 그에게 사랑과 용서의 중요성을 일깨웠다. 그는 지난날의 죄를 조금이라도 씻기 위해 시간 나는 대로 옛 직업이었던 연장을 싸 들고 교회로 가서 건물 구석구석을 정성껏 손질하며 소 잃고 외양간 고치는 심정으로 뉘우치고 있다고 했다. 그의 눈물에는 과거의 아픔과 뉘우침 그리고 새로운 깨달음을 통해 찾아낸 새로운 삶을 향해 달려가고 있었다.

그간 마주친 영감님은 어제 모습의 존재였고, 오늘 만난 영감님은 신선하고 변화된 현재의 존재이다. 그 후 나는 하루하루 변화하는 영감님이 반가워서 매일 새로운 마음으로 인사를 올린다.

안타까운 마음의 매듭들

오늘 새벽도, 권사님은 마음속에 맺혀있는 안타깝고 답답한 매듭을 주님과 깊은 대화로 한 올씩 풀어가고 있다.

처녀 시절, 훤칠한 인물에 구성진 목소리로 가요를 즐겨 부르며 안정된 직장에서 일하던 그를 당신이라 부르고 싶어 그녀는 주변의 많은 경쟁자를 물리치고 그와 부부의 연을 맺었다. 그리고 그 결실로 옥토끼 같은 남매도 얻었다. 웬 축복인지, 오래전 미국 땅으로 건너가 자리 잡은 애들 큰아빠가 의리 있게도 러브콜을 해주어 네 식구는 즉시 가산을 정리하고 이민 길에 오르는 날 김포공항에서 손 흔들어 주던 친구들은 너무도 부러워했다.

LA에 짐을 풀고, 그들은 큰아빠 세탁소의 잔일부터 시작하여 이민자들이 닦아놓은 기본 코스를 차례로 밟으면서 이를 악물고 땀방울에 젖은 돈을 모으기 시작했다. 마침내 다운타운 요지의 리커스토아를 인수하고 영어가 유창한 한인 젊은이들을 고용하자 가게는 날로 번창해 갔다. 그녀는 집안 살림과 아이들의 등하

교시키는 일은 물론, 가게 물품을 관리하느라 눈코 뜰 새 없이 바빴다. 남편은 주로 은행 업무와 물품구매 등 바깥일을 맡았기에 시간의 여유가 있었고, 짧은 영어의 안타까움과 쓸쓸하고 외로움을 느낄 때면 뒷골목의 허름한 술집을 자주 드나들었다.

어느 날, 남편은 장롱 속에 모았던 현금과 은행 잔고 그리고 술집에서 사귄 이웃 아줌마를 데리고 바람과 함께 사라져 버렸다. 자신을 둘러싼 모두가 한순간에 무너짐을 느끼며 눈앞이 캄캄해진 그녀는 삶의 의욕을 잃고 생명줄을 끊으려 했으나 아이들이 걸림돌이 되었다. 헤아릴 수 없는 수많은 밤과 낮을 눈물로 절이면서 힘들어할 때 이웃 권사님의 전도를 받고 한인들이 모이는 교회로 첫발을 들여놓았다. 삶에 지친 그녀는 주님의 사랑에 흠뻑 빠지게 되었고 아이들도 바르게 성장하여 이제는 모두 건실한 가정을 이뤘다. 더 감사한 일은 늙음의 면류관인 흰머리가 귀밑에서부터 앞머리로 넘어가며 교회에서는 궂은 일들을 도맡아 처리하는 귀한 권사님으로 봉직하게 되었다.

서쪽 하늘의 붉은 노을이 야자수 잎새를 물들이던 어느 날 저녁, 어깨가 축 처지고 앞이마가 넓어진 영감님은 피로와 곤비가 역력한 모습으로 현관문을 열고 불쑥 나타났다. 긴 세월 동안 잠수하여 괘씸하고 복장 터지던 심정을 아는지 모르는지 꼬리를 내리고 사죄의 변을 털어놓았다. 권사님은 그의 변명을 듣는 둥 마는 둥 마음속으로는 이 돌발 사태를 어떻게 받아들여야 하는지를 주님께 묻고 있었다. 순간적으로 머릿속에는 우물가의 여인, 탕자, 빚진 죄인, 십자가 옆의 강도들이 떠올라 머리가 빙빙 돌고 있었다. 어렵게 찾아왔으니, 오늘은 당신이 지은 저녁밥이나 한번 배불리 먹고 갈 수 있도록 자비를 베풀라는 영감님의 간청에 연민의 정을 느낀 권사님은 따끈한 저녁상을 차려주었다. 조용히 식사가 끝나고 권사님은 뒷설거지를 시작했다. 그때 영감님이 갑자기 권사님 뒤로 다가와 설거지하시는 권사님의 허리를 양손으로 꼭 껴안고 "여보, 오늘의 디저트는 뭐야?"라며 옛 신혼 시절의 콧소리를 내고 있었다.

순간 권사님의 마음속 깊은 곳에 가라앉아 있던 검은 상처들이 솟구쳐 올라오며 자신도 모르게 뒤돌아서 세제 거품이 하얗게 묻은 오지 접시로 영감님의 정수리를 힘껏 내려쳤다.

영감님의 머리 중앙에서 송송 솟는 가느다란 핏줄기는 이마로 흐르기 시작했고 911의 사이렌 소리와 함께 영감님은 병원으로, 권사님은 상해 치상의 죄목으로 경찰에 입건되었다.

아무리 "안타깝고 답답한 매듭"의 진상을 해명해도 이해하지 못하는 미국 경찰은 폭력을 행사한 권사님의 신원을 조사해 보았다. 무 범죄 경력의 착실한 시민이어서 소정의 벌금과 몇 시간의 사회봉사 그리고 정신과 상담이 선고되었다.

나 역시 고국을 떠난 후 강산이 네 번이나 변하면서 사회가 안정되지 못한 남미 땅에 거주할 때는 코막고 답답한 적반하장 격인 경우를 많이 당했다.

우리가 세상을 살아가는 동안 금전, 이웃, 사회, 심지어는 교회에서까지 안타깝고 답답하여 풀기 힘든 매듭이 지어질 때가 가끔 있다. 친척과 아비 집을 떠난 우리의 마음속 깊은 곳에 잠겨 있는 답답함을 주님께서는 이미 알고 계신다. 주님이 이 땅에 오신 목적이 바로 이 답답한 매듭을 풀어주기 위함이었다.

아직도 풀지 못하고 숙제처럼 남아있는 매듭들을 주님과 대화를 통해 우리가 풀어버리기를 주님은 원하신다. 그런데도 아직 안 풀리는 매듭들이 있다면 자신을 다시 한번 살펴보라고 성서는 말해주고 있다.

주님을 안타깝고 답답하게 해드리지 않아야 할 텐데….

성공주의의 깃발

작년 4월 보름, 캘리포니아의 봄 바다 롱비치항은 아름다웠다. 낮게 하늘을 나는 흰갈매기들의 환영을 받으며 대광 15회 노신사 부부들은 캐주얼 차림으로 모여들기 시작했다.

신설동 교문을 나선 지 환갑이 되는 해, 마음은 청춘이지만 검은 머리를 세월에 도둑맞아 흰머리 된 갑돌이와 갑순이들이다.

우리 세대는 기찻길 섶에 돋아난 들국화같이 험한 세월을 살아왔다. 그러나 일상에서 벗어나 옛친구들과 몸과 마음의 긴장을 태평양 바람에 추스르며 우리 자신의 존재도 다시 한번 일깨우기 위한 4박 5일간의 크루즈로 멕시코 관광길이다. 고국에서는 김의정, 미 동부의 계병덕, 김성용, 남가주의 강성추, 노영환, 현기웅, 김영훈, 이건삼, 정신관, 이광일, 부부팀이 합류했다.

십만여 톤 몸집의 거대한 무쇠 덩어리는 섬 위에 건축해 놓은 대규모의 리조트단지 같았고 탑선하고 보니 바다 위를 가로지르는 작은 관광도시가 물 위에 떠 있는 기적을 느끼게 하였다.
　세계 각지에서 모여든 여러 인종이 승선할 때는 각기 다른 언어와 외모로 서로 낯가림을 했지만, 한울 속에 합쳐지며 모두 웃음꽃 날리는 친밀감이 흘렀고 배 안 어느 곳이나 감미로운 음악이 따라다니며 흥을 돋워주었다.
　친구와 포도주는 오래된 것이 좋다는 속담이 있다. 가난했던 청소년 시절을 한 울타리에서 뒹굴던 우리는 스치기만 해도 반가움에 가슴이 울렁인다. 하늘이 선물로 내려주신 그 시절의 우리들 생활환경은 서로 비슷하여 같이 울고 웃으며 시시콜콜히 시간을 공유하였다. 이제는 서로 지지고 볶더라도 인생을 함께 걸어가야 할 운명들이다. 그리고 고국을 떠나는 결단을 내린 세대로 물설고 땅 설은 타국에서 안 통하는 언어와 풍습에 눈물을 삼키시며, 자녀들을 사람답게 살도록 이끌어 온 위대한 인간 승리의 영웅들이다.
　고단한 삶을 운명처럼 살아온 늙고 기운 빠진 갑돌이들은 한평생을 내조해 준 아내의 은혜에 꼬리를 내린 채, 덤으로 인생을 살고 있었다.
　갑순이들은 시간의 흐름을 안타까워하며 입이 귀에 걸린 듯 웃음소리가 그치질 않았고 오랜만에 삶의 보람이 흐뭇하다 못해 얼굴에 엔도르핀의 분홍빛이 물들며 모두 어린 소녀들이 되어버렸다. 우리는 즐비한 놀이시설들을 쏘다니며 마냥 즐거워했다. 지갑도 필요 없이 밤이고 낮이고 항상 이용할 수 있는 뷔페식당과 아늑한 분위기의 메인 레스토랑의 수준 높은 식사는 입맛을 돋우고 정갈했다. 할머니들은 영감님들의 식사, 청소, 손주들 돌봄에서 완전 해방되기에 유람선 여행을 선호하나 보다.

낮에는 따갑게 내리쬐는 햇볕 아래 수영장 둘레의 선베드에 누워 망중한을 즐기며 옛 추억들을 곱씹다 보니 사는 맛이 새로워졌다.

저녁엔 정장으로 갈아입고 캡틴이 열어주는 핑크빛 조명 아래 화사한 드레스의 여인들 사이에서 로맨틱한 파티를 즐기고 갑판 위에 올라 바닷바람에 실려 달려오는 붉은 노을은 양팔을 벌려 가슴에 끌어안았다.

태평양 위의 닷새간 생활은 근심 걱정 없는 에덴이었다. 우리가 스스로 해야 할 크고 작은 일들과 침대의 뒤처리까지도 놀잇배 선장님이 책임지고 해주셨기 때문이다. 그러다 보니 우리의 역할은 뱃사람들에게 뺏기고 물질문명의 마력에 빠져들기 시작하여 평안과 편안도 구별하기 힘들어져 만약 이런 금수저의 삶이 계속된다면 인간의 영육에 심한 재앙이 될 것 같다.

크루즈의 결말은 우리가 처음 선박에 오른 LA의 롱비치항에 되돌려 놓는 것이고 그날부터 우리는 일상으로 달려가 다시 생활의 무거운 십자가를 메고 걸어야 한다.

삶과 믿음에는 십자가가 있어야 부활이 있고 종착역에는 영생이 기다리고 있다. 우리의 믿음 생활도 크루즈 식이 되지 않도록 돌아보아야 하겠다.

교회만 출석하면 영생을 얻고, 착하게 살면 축복받는 등, 신앙생활을 가장 편안하고 즐겁게 하도록 크루즈 캡틴의 신앙교육을 따르다 보면 우리를 천국까지 이어주지 못하고 처음 탑승한 험한 곳으로 리턴할 수도 있겠다.

우리 세대는 지난 과거만을 품고 사는 슬픈 초상이 아니라 다음 세대의 새벽을 깨우면서 살아가야 하겠다. 우리가 크루즈의 캡틴이 되어 자녀 손들의 어깨에 얹힌 무거운 십자가를 뺏고 그 손에 가볍고 번쩍이는 세상의 성공주의 깃발을 쥐어줄까, 걱정된다.

7부

일상(日常) _주님의 뜻을 이루소서

추억의 풍금 소리

갈대가 나부끼는 소리나 시냇물 흐름에도 고유의 소리가 있다. 특히 유년기에 마음 깊이 새겨진 친숙한 소리는 한평생 추억이 되어 삶을 여유롭게 이끄나 보다.

국민학교 시절, 피아노는 하늘의 별과 같았고, 학교에는 풍금도 두 대뿐이었다. 음악 시간이 되면 분단장들이 교무실로 달려가 소리가 더 잘 나는 풍금을 골라 함께 들고 교실로 옮기고 수업이 끝나면 다시 풍금을 반납했다.

담임 여선생님이 비걱거리는 페달을 밟아 반주를 시작하면 우리는 그 소리에 맞춰 마음껏 씩씩하게 또는 상큼하게 동요를 불렀다.

선생님의 손가락이 건반을 오르내리며 고운 목소리로 선창할 때면, 나도 선생님처럼 착해지고 싶고 풍금도 잘 치는 멋진 사람이 되리라 다짐하곤 했다.

풍금은 원래 느림보 악기라 빠른 박자는 두루뭉술하게 넘어

가지만, 바람이 만들어 낸 그 깊은 울림과 여운은 내 마음속에 깊이 아로새겨졌다. 기계류에 물들지 않고 핸드폰도 모르던 그 시절이 지금보다는 더 진한 추억의 감동으로 남아있다.

현대의 바쁜 일상에서 가끔 옛 추억의 풍금 소리가 그리워져 전자 오르간을 하나 구매했다. 발로 페달을 밟지 않아도 전기의 힘으로 스피커를 통해 힘차게 울리며, 신기하게도 뜀박질처럼 박자까지도 명쾌하게 표현하였다.

오르간 소리는 물론이고 바이올린, 클라리넷, 색소폰 등 다양한 악기 소리를 비스름하게 낼 수 있어 오케스트라 연주자들이 기계 속에 들어앉은 것 같았다. 그러나 아련한 그리움이 번지는 추억의 풍금 소리와는 거리가 멀었다. 그러던 중, 마을 근처 골동품가게에서 뜻밖의 보물을 발견했다. 독특한 서양의 전통 공예품, 미술품, 도자기류, 무기류 등 신기한 것들이 무질서하게 전시된 먼지 쌓인 진열대 속에서 낡은 이태리제 상아색 아코디언이 눈에 들어왔다. 주인장이 부르는 가격은 만만치는 않았지만, 추억의 풍금 소리를 다시 듣고 싶어 바로 사들였다.

어린 시절의 오르간이 발 풍금이라면 아코디언은 손풍금이다. 상아색 보물을 귀하게 싸 들고 돌아와 빛이 날 만큼 잘 닦아 내 가슴에 얼싸안고 열심히 한 건반 한 음씩을 짚어가며 익히기 시작했다.

소년 시절, 장터 서커스단에서 아코디언을 연주하던 어릿광대를 보며 나도 언젠가는 저것을 연주해 보리라는 생각을 했었다. 소년 시절의 소원이 노인이 되어 현실이 되리라곤 상상도 못 했다.

아코디언의 소리는 가슴속 깊이 울리며 때로는 향수를, 때로는 흥겨움을 준다. 세상의 악기 중 가슴에 안고 심장에 밀착해 연주할 수 있는 것은 아코디언뿐이라 그 감동이 더 크게 느껴진다. 그러나 아코디언의 소리는 삐걱거리며 발로 페달을 밟아야 늑장 부리며 음을 내주던 추억의 발 풍금과는 차이가 있었다.

우리의 귀로 끊임없이 들어오는 소리는 공기 속을 뚫고 오는 파동으로 여러 가지 정보를 전해주지만, 인간은 귀로 어떤 소리를 집중해 들을 것인가는 전적으로 자신들의 선택이다. 그래서 인간은 평범하고 단순하게 태어났지만, 각자의 선택으로 자신을 너무 복잡하게 만들고 있는 것 같다. 그러나 귀에도 들리지 않고 내 마음대로 선택할 수도 없는 마음의 소리는 영혼으로만 감지할 수 있나 보다.

어느 날인가 마음속에서 추억의 풍금 소리가 배경음으로 옅게 깔리며 뜬금없는 마음의 소리가 울려왔다.

"너는 풍금 치던 선생님처럼 착해지겠다고 다짐하지 않았느냐? 기력이 더 약해지기 전에 마음의 떨림을 모아 부정적인 현실 속에서 긍정을 찾고 덕담을 나누며 성실하게 살아가라."

이를 이해할 능력도 따를 자신도 없어 다시 고요히 귀를 기울였다.

손풍금이나 발 풍금처럼 바람을 일으켜 소리를 울리는 악기의 추억에서 깨어나, 이제는 네 마음의 풍금 소리를 내며 살아갈 때가 되었다는 것이다. 왜냐하면 네가 바라고 찾던 지난날의 깊은 울림과 부드러운 여운은 오늘까지 머물렀지만, 네 삶 속을 흐르는 네 독특한 마음의 풍금 소리는 내일을 울리기 때문이다.

  의미 없는 하루보다 밝은 얼굴로 감사함을 느끼며 오늘을 소중히 여기고, 내일을 위한 마음의 풍금을 내가 연주할 수 있을까…?

범벅타령의 추억

제대 몇 주 전, 작달막한 키에 새까맣게 그은 얼굴, 묵직한 더플백을 둘러멘 신병이 잔뜩 겁먹은 눈망울을 굴리며 우리 중대로 배치받아 내무반으로 들어왔다. 훈련소를 방금 졸업한 이등병의 신상 카드에는 현주소와 본적지가 같았고 시골 느낌이 팍팍 나는 두메산골 토박이였다. 알아듣기 힘든 투박한 사투리로, 학교가 멀어서 얼마 다니다 말았다는 학력과 영글지 못하고 어수룩한 모양새는 영락없는 통칭 '고문관'이었다.

동해안으로 침투한 무장 공비들 토벌로 부대 전체에 비상령이 내려진 상태다. 외출은 엄두도 못 내고 며칠째 완전군장 차림으로 신체와 심리적 긴장 상태로 울상을 짓던 중대원들은 왕고참인 내가 신병을 험하게 신고시키는 즐거움을 은근히 기대하며 모여들었다.

금방이라도 엉엉 울음보를 터트릴 것 같은 '고문관'에게 찬바람 휘날리는 왕고참으로서 첫 호령은 어이없게도 "가요 한 곡조 쭉- 뽑아-봐!"였다.

원산폭격이라도 시킬 줄 알았던 신병은 예상외의 명령에 정신이 빠진 듯 눈을 지그시 감았다 뜨더니

"민요밖엔 몰라-유" 한다.

"빨-리 불러-봐, 인-마!"

TV 채널을 돌리다 보면, 한복 아줌마들이 비스듬히 서서 부채를 살랑이며 쉰 목청을 떨어대면 우리 가락의 민요를 부를 때면 채널을 돌려버리던 세대인데, '고문관'은 달랐다.

이등병은 눈을 지그시 감고 코맹맹이 소리로 어깨를 둥실거리는 박자에 맞춰 「범벅타령」을 한가락 흥겹게 뽑아냈다.

중대원들은 발을 그루며 한목소리로 앙코르를 외쳤다. 걸쭉한 음성으로 '창부타령', '배뱅이굿' 등 전통민요 들을 그럴싸하게 뽑아내더니 이어 강한 사투리의 걸쭉하고 야한 입담은 중대원들을 오랜만에 배꼽을 잡고 열광시키며 그간의 스트레스가 다 풀어졌다.

제대하는 이 병장의 뒤를 이어 하늘이 보내준 중대의 보물이 되어 첫날부터 작대기 하나의 계급으로 중대 전체의 "고문관님"으로 진급했다.

왕고참의 제대 기념물로 온 중대원들이 덕담 혹은 한풀이를 한마디씩 기록한 사인북에 '고문관'께서는 한글이 기억나지 않아

하셔서 중고참이 대필했다.

「범벅타령」의 가사 그리고 그 한 곁에는 연예인들처럼 삐뚤삐뚤 이름 석 자를 그려놓았다. 오십 년도 더 지난 요즘도 가끔 마음이 답답할 때는 누렇게 바래가는 사인북을 한 페이지씩 들춰본다.

> 정월에는 달떡 범벅 이월에는 시래기 범벅
> 삼월에는 쑥잎 범벅 사월에는 수리치 범벅
> 오월에는 느티 범벅 유월에는 호밀 범벅
> 일이삼사오륙 범벅일세.
> 칠월에는 수수 범벅 팔월에는 꿀떡 범벅
> 구월에는 귀리 범벅 시월에는 무시루 범벅
> 동지에는 동지 범벅 섣달에는 흰떡 범벅
> 칠팔구시 동지섣달 범벅일세.

범벅이란 죽도 밥도 아닌 소박하고 가난했던 시절 즐겨 먹던 간식거리였다. 곡식 가루에 호박이나 시래기, 무말랭이 등 흔한 재료들을 얹어 풀처럼 되직하게 쑨 것으로 요즘의 피자나 파이와 비스름한 특식이다.

당시에는 사랑하는 임과 마주 앉아 숟가락 하나로 서로 퍼먹이는 범벅이 행복의 본보기요, 스트레스를 푸는 민초들의 특효약이었다.

눈에도 안 보이는 코로나바이러스 병균은 벌써 한 해 동안이나 인간들을 창살 없는 감옥에 감금했다. 노인들은 면역이 약하니 더욱 외출에 삼가라는 지시에 따르다 보니 점점 몸과 마음이 시무룩해진다. 반가운 친구들과 만남도, 단골 식당도, 헬스장도, 아니 예배 참석까지도 금지되었다.

온종일 TV와 씨름하다 보면 스트레스가 더 쌓이는 것 같다. 경제와 첨단 기술이 선진이라는 고국이 개인의 행복지수는 후진권이고, 사회에 널리 깔린 부정부패와 줄을 잇는 자살과 이혼은 쓰레기 범벅 같은 모양새의 뉴스이다. 그래서인지 배가 고프지도 않은데 허기가 지는 듯한 느낌에 갑자기「범벅타령」이 머릿속에 떠올랐나 보다.

나이가 드는 것도 서글픈데 요즘처럼 온 세상이 재앙으로 외출금지령 속에 아침 해와 저녁놀을 맞다 보니 마음속에서 회전하는 외로움과 강박 등 부정적인 감정이 생기면서 괜스레 호박범벅이라도 퍼먹고 싶은 식욕이 돋는다. 이는 "신체적 허기"가 아닌 "정신적 허기"일 것이다.

지금도 고문관님은 고향 땅에서 어깨춤을 추며「범벅타령」을 흥겹게 부르고 있겠지…. 창을 활짝 열면 바람이 들어오고 마음을 활짝 열어젖히면 행복이 들어온다고 한다. 오늘도 새로운 기분으로 마음의 문을 활짝 열어야 하겠다. 그리고 내일의 꿈과 소망을 하늘에 호소하기로 했다.

삶의 쉼표와 마침표

아니 벌써, 오월 둘째 주일, Mather's Day가 성큼 다가왔다. 여호수아와 마리아 모임에서는 어머니 날의 특별행사로 미주국악계에서 저명도가 높은 이정화 집사님의 가야금 독주 시간을 마련했다.

흰 연주복 차림의 집사님이 우아한 자세로 가야금을 끌어안고 무대 위에 앉았다. 그리고 한 손은 차분하게 악기를 올라타고, 다른 한 손은 섬세하게 줄을 휘거나 눌렀다. 가야금의 우아하고 아름다운 음색이 울려 퍼지자, 일백이 넘는 회원들은 기묘하고 독특한 소리에 마음을 빼앗겼다. 12현과 25현, 번갈아 가며 울려 주는 가야금의 부드럽고 청아한 소리는 홀과 노인들 마음의 공간을 가득 채웠다. 연주자의 손끝에서 흐르는 정서는 마치 시냇물이 강물을 이루는 소리였다. 인생 황혼기의 회원들은 지난 시절을 회상하며 어머니의 끝없던 사랑과 감사의 마음이 솟구쳤다. 특히 자유롭고 유연한 템포와 리듬 그리고 음표와 쉼표를 통한 우리 가락의 흐름은 진귀한 고려청자, 조선백자를 눈앞에 놓고 바라보듯 했다. 청중의 마음을 사로잡는 부드럽고 신비로운 소리는 그간 메말랐던 정서적 감정을 돋워주었다. 음과 음 사이 쉼표가 더 큰 감동을 일으켜 주듯 인간도 삶의 악보를 아름답게 연주하기 위해선 쉼표가 필요하다는 것을 새삼 느꼈다. 그러나 안타까운 일은 삶의 악보에는 쉼표가 없어서 연주자가 직접 쉼표를 찍어가며 연주해야 하기에 홀연히 이민의 삶이 낯설어진다.

지난날의 삶에는 평지보다 가파른 언덕이나 험한 가시밭길이 더 길었다. 부부가 서로 한 발씩 묶은 채 속도와 효율만이 덕목인 줄 알고 달음박질을 쳐오다 보니 출발선에서부터 기운이 달려, 마지막 테이프 끊는 선을 바라보며 균형을 못 잡아 흐느적거리고 있다.

우리는 이웃을 돌아볼 여유조차 없이 바쁘게 살았다. 그러다 보니 소중한 사람들과 평생 잊지 못할 추억 하나도 만들 겨를조차 얻지 못하고 지내왔나 보다.

내가 무엇을 위해서 어떻게 살아야 하는가를 제대로 생각해 보지도 못했다. 나의 잘못인가 아니면 이 세상이 쭈그러진 탓일까? 현대를 살아가는 사람치고 스트레스를 받지 않는 사람은 없을 것이다.

사람들은 온종일 무거운 짐을 진 채 수고하고 힘들어하면서 살아가기에 하늘에 매달려 보기 위해 신학의 무덤이나 교리의 묘지들을 두루 찾아보지만, 더 공허해질 뿐이다.

　길가에서 밟히는 낙엽들이 쉼표를 찍어 주고 산들바람이 실타래에 엉킨 시간을 풀어주었으면 하는 바람뿐이다. 그러나 하루의 쉼을 위해 밤을 주시고 한 주간의 쉼을 위해 주일을 만드신 주님은 "수고하고 무거운 짐 진 자들아, 다 내게로 오라 내가 너희를 쉬게 하리라."고 하셨다. 인간의 육적 피곤과 영적 갈등은 세상의 어떤 방법으로도 해결할 수 없다. 믿음의 조상 욥은 영육 간의 고단함을 네 명의 친구들과의 대화와 소통으로 풀어보려 했으나 더 깊은 스트레스에 빠져들었다. 마침내 귀로만 듣던 주님을 눈으로 보며 회개하는 마음을 그분 앞에 쏟아놓았을 때 모든 문제는 눈 녹듯 녹아내렸다. 오직 우리의 온전한 쉼표는 생활 속에서 순간순간 주님과 깊은 대화뿐이다.

　주님은 가끔 나의 삶에 쉼표를 찍을 때가 있었다. 실패와 절망, 연약함이란 쉼표였다. 그때마다 그 쉼표가 마침표처럼 보여 인생이 끝나는 줄 알았다. 그러나 그 쉼표의 날들 동안 이전에 보지 못했던 것을 보고, 이전에 깨닫지 못했던 것을 깨닫게 하셨다.

　이제, 나이 든 우리에게는 육체적 정신적인 쉼과 안식이 절실히 필요하다. 어디에서, 무슨 일이나, 무슨 생각을 할 때나, 비록 길지 않은 시간이더라도, 기도의 쉼표를 자주 찍어 넣어보자. 그리고, 쉼표와 모양이 비슷한 마침표를 향해 당당하게 걸어야 할 것이다.

가기도 잘도 간다 서쪽 나라로

한낮의 무더위가 꺾이는 저물녘, 서쪽으로 기울어지는 태양의 노을빛이 서쪽 하늘에 떠 있는 색 바랜 조각달을 반기며, 걷기 운동 하는 우리 내외의 입가에서 「반달」 노래가 절로 흐르게 한다.

"돛대도 아니 달고 삿대도 없이 가기도 잘도 간다. 서쪽 나라로"

해와 달은 항상 서쪽으로 째빨리 달아난다. 그 서쪽 나라는 한때 머릿속에 '허접한 개념'으로 들어있었다.

'허접하다'라는 말은 사실이나 논리가 뭔가 어긋난다는 표현으로 사용된다. 해와 달이 서쪽으로 넘어간다는 사실은 지리적인 현상에 불과하다. 하지만 그 '해와 달이 지는 쪽'의 개념은 나의 상상력을 자극하기 시작했다. 그래서 인간은 생각하기에 존재한다고 철학자 데카르트가 표현했을까?

인류의 조상 노아는 친지와의 사별, 방주 생활의 피로, 새 역사의 시작 등에서 받은 스트레스를 포도주로 풀다가 거나하게 취해 벌거벗었다.

둘째 아들이 아버지의 부끄러움을 떠벌릴 때 맏이와 막내는 뒷걸음으로 옷을 들고 들어가 '지는 쪽' 아버지의 망신을 면케 해 드렸다.

늘그막에 노아 영감님은 세 아들에게 각기 다른 운명을 유언으로 남겼다. 둘째 함은 형제의 종이 될 것이며, 맏아들 셈에게는 하나님을 찬양하는 장막의 축복을 그리고 막내 야벳은 창대하여 형의 장막에 거하라고 축복했다.

아버지의 예언대로 영적 축복을 받은 동쪽 셈족에서 예수님이 탄생했고, 물질적 축복을 받은 막내 야벳은 서쪽으로 이동하여 오늘날까지 풍족하며, 저주받은 함족은 남쪽으로 흩어지며 육신의 건강을 밑거름으로 살고 있다. 그런가 하면 바울은 아시아에 복음을 전하려 2차 선교여행을 떠날 즈음 "마케도니아로 건너와서 우리를 도우라"라는 서쪽 마케도니아 사람의 환상을 보았고 이 환상은 세계 역사에 획기적인 변화를 가져왔다.

'천막 달인' 바울이 높이 들고 돛대도 삿대도 없이 서쪽 나라 마케도니아를 향해 달려간 복음의 횃불은 로마제국을 불태웠고, 유럽으로, 미국으로, 한국으로, 중국으로, 앞으로는 인도와 파키스탄, 아프가니스탄과 이란 이라크를 거쳐 다시 예루살렘으로 되넘기며 활활 타오르게 될 것이다. 그리고 서쪽으로 달리던 이 실크로드는 조만간에 가스펠 로드로 개명될 것이다.

복음은 영적 의미뿐만 아니라 물질적인 영향도 가지고 있는 것 같다. 우리가 살고 있는 미국 땅도 동부에서 학문을 닦으며 새로운 기술을 습득하고 서부로 와서 창업한 실리콘 밸리의 창시자들이 대체로 창대해졌다.

부동산 역시 서쪽으로 갈수록 가격상승 폭이 높아 재테크를 목적으로 투자할 때는 가능한 한 서쪽으로 눈을 돌리라는 우스갯말이 있다. 내륙 리버사이드의 땅보다는 서해안 비치 주변의 땅이 구매와 판매에 용이하고 수익을 올려 준다.

한국의 제품들이 일본에서는 고전을 하지만, 중국으로 가면 인기 상품이 되고, 중국 물품은 한국에서 대접 못 받지만, 서쪽 나라로 옮겨가면 절품이 된다.

연예인들도 동쪽 진출에는 난관이 따르지만, 서쪽 나라로 진출하면 한류스타가 되어 유명 인사로 우뚝 서게 된다.

마케도니아 환상은 야성의 환상이었다. 야성이란 담대한 믿음을 가지고 안전한 자기의 울타리를 벗어나 드넓은 서쪽 세계로 도전하는 것이다. 이 시대처럼 하나님께서 우리들이 마케도니아의 환상보기를 원하시는 때도 없는 것 같다.

믿음의 영역에서도 비슷한 현상이 보인다. 몸집 큰 교회들이 영적으로 서편에 몰려있는 지극히 작은 자들에게 깊은 관심과 그들의 아픔에 동참하는 교제와 나눔 없이 앞을 다투어 번영만을 강조하다 보면 선한 영향력보다 차츰 조롱의 대상이 되어가는 답답함도 보인다.

서쪽을 향한 여정은 우리의 용기와 믿음을 시험한다. 그리고 그 여정은 자녀들에게도 전해져야 한다. 오직 믿음의 야성을 품고, 달려가는 것만이 우리를 창대한 존재로 만들어 줄 것이다. 서쪽 나라로의 여정을 향한 갈망은 우리가 끊임없이 모험하고 발견하며 성장할 수 있는 기회를 제공할 것이다.

서쪽을 향한 삶의 자세로 신앙생활을 할 때 우리와 연약한 이웃들이 영육이 창대해지는 기적을 보게 될 것이다.

도마뱀의 가르침

자연의 변화와 함께 새봄이 찾아왔다. 이런 계절의 변화가 우리 집 뜰에서도 생명의 흐름을 일으키고 있다. 잦은 봄바람에 흔들리는 억새풀 소리는 마음을 녹이는 노랫소리로 들려온다.

우리 뒤뜰에서 흔하게 볼 수 있는 녀석들은 도마뱀이다. 마른 나뭇가지들과 담쟁이 넝쿨을 정돈하다 보니, 누군가와 전투로 인한 도마뱀의 흔적이 눈에 띈다. 뒷담에 붙어 여유롭게 앞뒷집을 넘나들며 손자들의 짓궂은 손길에도 두려움 없이 "나 잡아봐라."를 외치며 담쟁이 넝쿨 속으로 줄행랑을 치던 발 빠른 녀석 같은데, 그의 회색 꼬리가 덩그러니 팜츄리 아래 잘려져 있다. 그렇다면 어젯밤에는 무슨 일이 있었을까? 아마도 어젯밤, 도마뱀은 억새 숲에서 어떤 천적과 목숨을 건 치열한 싸움을 벌였던 것으로 생각된다. 전투 장면을 보지는 못했지만 "절체절명"의 위기에서 꼬리를 잘라 적에게 넘겨주고 목숨만은 겨우 살아남은 녀석이 대견스럽게 느껴진다.

잘린 꼬리에는 약간의 신경 줄이 남아있어 잠깐 꿈틀거리며 적의 관심을 돌리는 중요한 역할을 하면서 몸통이 피신할 짬을 벌어주기에 적과의 사투에서 꼬리를 떼어내고 살아남는 것은 최후의 수단이었을 것이다.

자연 속에서 도마뱀이 '절체절명'의 순간에 꼬리를 자르는 일과 언론에서 흔히 비유하는 인간들의 꼬리 자르는 지금의 형편과는 근본이 전혀 다른 개념이지만 비슷하게 보이기도 한다. 요즘 언론을 통한 고국의 각계각층을 들여다보자면 온통 우글거리는 도마뱀들의 집단인 듯하다.

고국의 총선이 코앞에 다가오는 이 봄, 정치인들은 다시 한번 무례한 자세들을 취하기 시작한다. 이들은 민심을 무시하고 자신들만의 이익을 위해 부도덕한 행태도 불사하며 다른 이를 희생양으로 삼는다.

그들은 자신의 이익을 위해 국민을 무시하고, 오직 자신들의 권력과 재산을 늘리는 데만 열중했다. 그들의 행동은 우리가 진정으로 가치를 두어야 할 정의, 진리, 공정함을 소홀히 하여 우리의 사회의 도덕적 기반과 국가의 안전과 안정을 뒤흔들었다.

어찌 되었든, 도마뱀의 특질이 살아남기 위한 필살의 지혜라면 인간 사회에서는 자기들 탐심에서 빚어진 부도덕한 실수를 약자에게 전가하는 행위로 이를 '도마뱀'에 비유한다면 도마뱀들은 마음이 편치 않을 것 같다. 그런데 재미있는 사실은 세상을 좌지우지 휘젓던 도마뱀들도 본성에 내재하고 있는 야망과 욕심을 실현하기 위해 몸통을 계속 부풀리다 보면 악어로 변화되어 금방 잡히고 마는 것을 어렵지 않게 보고 있다.

우리는 욕심을 버리고, 약자와 함께 고통을 나누는 지도자들에게 희망을 품어야 한다. 도마뱀의 가르침은 우리에게 두려움이 아닌 용기를 주며, 더 나은 세상을 만들기 위해 노력해야 함을 상기시켜 준다. 그들은 작지만 용감하며, 우리에게 큰 교훈을 전해준다.

우리는 도마뱀에게서 훈계를 들을까 염려스럽다. 희망이 없는 것은 아니다. 우리의 선택이 우리 국가의 미래를 결정짓는다. 도마뱀이 자기 몸통을 잘라내는 것처럼, 우리도 부정부패에 맞서 정직하고 바른 행동을 보여주며, 부패한 정치인들에 맞서야 한다. 우리는 선거를 통해 그들을 권력에서 몰아내고, 정의로운 사회를 구현해야 한다.

자기 몸통을 잘라내는 희생을 감수하면서라도 바른 판단을 내리고 약자와 고통을 함께 나누려는 지도자들이 흘러넘치는 세상이 도래하기를 꿈꾸며 기다려 보련다.

흰머리 등대지기들

바닷가 절벽 위에 우뚝 솟은 등대는 어쩐지 외로워 보인다. 둥근 해가 떠오르면 흰머리의 등대지기는 뼈마디 거친 손으로 어제 밤새껏 불을 밝히다 검게 끄신 등롱의 유리창을 오늘 밤을 위해 또다시 정성스럽게 닦아놓는다.

학창시절엔 한평생을 함께 지낼 줄 알았던 친구들이었건만 졸업 후에는 대학으로, 직장으로, 해외 이주로 뿔뿔이 흩어졌다. 서로 어른이 되어가며 소중한 기억들은 잊은 채 자기 분야의 길만 걸으며 급격히 변해가는 세상을 따라가느라 정신없이 살아왔다. 그러나 수십 년간 갈라져 흐른 세월의 물길들이 정든 몇 줄기의 신호로 미국 땅 서쪽 귀퉁이에서 합쳐 흐르는 기적을 맛보기 위해 서로 합류했다.

옛 친구들은 얼굴만 보아도 가슴이 훈훈하다. 함께 굴렀던 척박한 시절을 생각하면 눈물겹다. 청소년 시절의 형편과 처지를 서로 유리알처럼 다 꿰뚫어 알고 있기에 속이거나, 숨기거나, 크게 보이려 과장할 필요도 없는 사이들이다. 이제는 서로 지지고 볶더라도 죽을 때까지 같이 가야 할 운명공동체이다.

남녀가 한 몸을 이루기 위해 사랑의 신비가 감싸준 것처럼, 옛 친구들끼리의 만남에는 또 다른 사랑의 그림자인 우정이란 신비가 작용하나 보다.

공부 잘하던, 걸작이던, 인정 많던, 머리 잘 굴리던, 운동 잘하고 주먹 쎄던, 친구들도 팔십 고개를 바라보면서 어김없이 백발의 빈약한 머리숱과 이마에 깊이 파인 계급장들이 거친 세월을 대변해주고 기름기 빠진 목소리는 길게 남지 않은 생을 카운트 해 주고 있다.

반세기 동안의 의술을 곱게 접어놓고 의료선교와 봉사활동에 몸을 바친 친구, 젊은 시절에 놓친 학위를 되찾으러 고국으로 유학 떠났던 백발의 친구, 껄떡이는 숨을 몰아쉬며 뒤늦게 배운 색소폰 소리를 감미롭게 뽑아내려는 나이 든 악사들, 해를 거듭할수록 기력이 탄탄해지고 있다는 몇 노익장들….

채플 시간마다 궁시렁거리며 마지못해 참여하던 미션스쿨의 요람에서 벗어난 후 반세기가 훨씬 지났다. 오늘 우리의 만찬상에는 맥주 한 병, 담배 한 개비, 찾아볼 수 없다. 교회의 중진들로 은퇴한 동기들의 은혜로운 송년 파티는 어쩌면 나이 든 사도들의 천국행진 중 쉼터에 모여 숨을 고른다고 생각된다.

우리는 모두 성공한 사람들이다. 세상 사람들의 성공은 청년기의 출세, 중년기의 방황, 노년기의 가난을 피하는 것이라고들 하지만 우리의 성공은 나이 든 등대지기처럼 어떤 환경 속에서도 흐트러짐 없이 자기 위치에서 자기 사명을 잘 감당하는 것이다.

등대지기 노랫말에 "생각하라, 저 등대를 지키는 사람의 거룩하고 아름다운 마음을"처럼 세상이 험하고 어두울 때 자녀 손들을 위해 묵묵히 그러나 구별된 불을 밝혀 그들로 세상을 밝게 살아가도록 인도해야 할 것이다. 또 밝은 불을 등대의 머리에 켜야 하듯이 진리의 빛을 우리의 머리 위에 올리고 세상에 빛을 비춰야 한다. 그러기 위해서 우리 자신이 등대의 역할을 잘 감당해야 한다.

경천애인(敬天愛人)을 학교의 교육이념으로 본받아 익혀온 우리는 자녀 손들에도 같은 훈계로 보듬어주어야 하겠다. 좋은 친구들을 만나 어울리는 것도 복된 일이지만 내가 좋은 친구가 되어주는 것이 더 복된 일이 아닐까?

외로운 심벌즈 연주자

뒤숭숭한 날들이 이어지는 가운데, 토요일 오후 따끈한 커피 한 잔을 손에 쥐고 느긋하게 소파에 몸을 파묻으면, 클래식을 듣고 싶은 마음이 생긴다.

젊은 시절 반도체 생산회사에서 근무하던 때의 행크 말러 사장님이 문득 떠오른다. 그는 한때 저명한 작곡자요. 뉴욕 필하모닉의 지휘자였던 구스타프 말러(1860~1911)의 손자라고 자랑하던 말도 기억이 난다. 사장님 모습을 회상하며 유튜브에서 말러의 교향곡 시리즈를 감상하기 시작했다.

백여 명 남짓한 오케스트라 대원 중 앞쪽에는 바이올린, 비올라, 첼로 등 목관악기가 자리 잡고 앉아있다. 그들은 연주 내내 전함 밑바닥에서 피땀 흘리며 노를 젓는 노예들처럼 몹시도 힘겹고 바쁘게 연주한다. 반면, 뒤쪽에 자리 잡은 타악기 연주자들은 느긋하다.

말러의 교향곡은 대체로 생동감 넘치고 빠른 템포로 진행되지만, 각종 타악기 연주자는 몇 번 쿵쿵거릴 뿐이다. 가운데 자리한 심벌즈 연주자는 아예 푹 쉬고 있다가 한 악장이 끝날 무렵이 되어서야 심벌을 양손에 한 장씩 들고 일어나 지휘자와 눈을 맞추며 "쨍!" 소리 한 방으로 클라이맥스를 만들어 낸다.

현악기와 관악기 연주자들이 시작부터 끝까지 땀을 흘리며 연주하는 동안 심벌즈 연주자는 한가롭게 기다리며 어떻게 생계를 유지할까 궁금해졌다. 인터넷에서 찾아보니 놀랍게도 그들 역시 다른 연주자들과 동일한 급료를 받는다고 한다. 그러나 오케스트라의 심벌즈 연주자는 무척 외로울 것이다. 단 한 번의 강타로 관현악곡의 음표를 "가끔" 연주한다는 점은 편하겠지만, 단 한 번 강타로 악곡의 정점을 찍어야 한다는 압박감 속에서 애타게 기다리다 보면 오히려 헷갈리고 긴장할 수도 있다.

어느 심벌 연주자는 교향악 연주가 끝난 후 자신을 찾아와 "심벌즈 연주가 너무 멋있었다."라고 칭찬해 주는 청중을 만나본 적이 없다고 고백했다. 오히려 가끔 이웃이 "그 유명한 필하모닉 오케스트라에서 어떤 악기를 연주하느냐?"고 물을 때 심벌즈라고 답하면 대화가 조용해진다고 한다.

오케스트라의 외로운 심벌 연주자를 바라보며 심벌 소리의 긴 여운이 내 마음을 울리기 시작했다. 왜냐하면 우리는 모두 삶이라는 오케스트라의 구성원들이며, 나의 역할은 심벌즈 연주자와 크게 다르지 않기 때문이다.

미국 땅에서 호호백발이 되어가는 나 자신이 외로움을 느끼며, 심벌을 양손에 쥐고 인생 악보에 그려진 단순한 역할을 찾아 아주 가끔 "쨍!" 하고 삶의 심벌즈를 부딪치며 소리를 내고 있다. 그러나 중요한 것은 닥치는 일보다 그 일을 아름답고 지혜롭게 다루는 태도이다. 이는 자녀들에게 본이 되어, 한 씨족의 족장으로서 온 가족이 복된 삶을 살도록 삶의 악보에 따라 심벌즈 소리에 강약을 넣어 생활의 방향을 설정해야 한다.

내 생의 교향곡이 끝날 즈음, 자녀들에게 인간 생활의 비전을 밝혀줄 또 한 번의 우렁찬 심벌즈를 터트릴 순간이 나를 기다리고 있을 것이다.

거미와 인간

할로윈의 주인공 호박의 세(勢)를 시커먼 거미가 앞지르려 한다. 시월 끝자락을 맞은 우리 마을에는 눈코입 뚫린 주황색 호박과 검은빛 거미를 선두로 여러 귀신이 줄을 이었다. 그중에도 허연색 그물 위에 넙죽 엎드린 시커먼 거미가 이 집 저 집 현관에 달라붙어 두려움을 주고 있다. 혐오스럽고 무서운 거미줄과 거미가 악귀의 침입을 막는다는데, 눈먼 귀신들이 얼마나 속을는지….

어쩌다 눈이 닿기만 해도 오싹해져 오해받는 동물들이 있다. 그것들의 공통점은 대체로 박쥐나 거미 등 색깔이 검다는 것이다. 특히 현관에 거미줄이 쳐져 있는 집은 오랫동안 버려진 폐가의 으스스한 공포가 느껴지기에, 사람들은 편견으로 거미를 싫어하고 혐오할 수 있지만, 거미의 처지에선 그저 억울할 따름일 거다. 대자연의 가족 중에는 쓸모없는 생물이 없기 때문이다. 문제는 자연과 함께 살아야 할 인간들이 자기들 관점의 탐욕적 해

석으로 모든 생물을 해충이니 잡초니 하는 언어를 사용하여 필요와 불필요로 구분하고 있을 뿐이다. 그러나 불필요에 속하는 거미도 자신의 색다른 방식으로 인간에게 곤충퇴치, 의약, 방탄섬유 등을 제공하며 불만 없이 잘 살아가고 있다.

내가 보기에도 미련한 거미 몇 마리가 우리 마을에 살고 있나 보다. 이 넓은 타운에는 수려한 공원도 있고 집마다 관상목과 꽃밭이 있다. 날벌레 잡기에는 가히 황금어장인 이곳에서 목이 좋은 곳에 그물을 쳐놓으면 윤택하게 살 수 있으련만…

오늘 아침도, 조깅 습관에 따라 현관문을 나선 몇 걸음 만에 내 얼굴은 거미줄에 걸려버렸다. 어떤 날에는 집 모퉁이에서, 또는 양옆 나무들 사이의 산책길에서, 가로로 걸쳐놓은 거미줄에 곧잘 내가 잡혀버리곤 한다. 하필이면 밤새껏 큰 수확을 기대하고 길 양편 나무를 택하여 힘들이고 공들여 길게 걸쳐놓은 거미줄이 사람들의 통행로였을까?

옛 속담에 "미련한 놈 잡아들이라 하면 가난한 놈 잡아들인다."라는 말이 있다. 이는 물질 만능에 젖은 세상인심을 뜻하는 말이겠지만 한편 미련한 놈은 앞뒤 눈썰미가 꽉 막혀 답답하고 우둔해 그 결과로 가난해진 것이 뻔하다는 뜻도 내포되어 있다.

인간 중에도 이 미련한 거미처럼 욕망의 그물을 엉뚱하고 외진 위치에서 각도도 짜맞추지 못해 찌그러진 모양으로 펼쳐놓고 한평생 굶주리며 대박만을 기다리는 사람이 얼마나 많은지 모른다. 또는 인생의 목적지도 모른 채 남들이 가는 길을 먼발치에서

서성이는 미련한 사람도 적지 않다.

대부분 거미는 자기가 쳐놓은 그물의 좁은 공간에서 자기 집을 방문한 날벌레 손님을 유괴하여 잡아먹으며 한평생 삶을 누린다. 자기의 공간에서만 먹고사는 거미는 원하는 다른 먹이는 선택할 수 없어 그물에 걸린 먹이만을 불평 없이 온 힘을 다해 먹어 치운다. 그뿐 아니라 뜻밖의 사고로 줄이 끊어지면 밥줄도 끊기게 마련이다. 그런데 인간들의 일상에서 왠지 거미의 생활과도 닮은꼴이 엿보인다. 거미가 그물을 벗어나지 못하듯 인간도 감정에 따라 생업을 막 차버리지 못해 거미처럼 좁은 영역 안에서 따분해 보이기도 한다.

요즘은 코로나에 갇혀 살아내는 게 아니라 살아지는 듯하며 나 혼자만 뒤처진 듯 그물 속 같은 느낌이 든다. 인간은 코로나라는 제한된 행동반경 속에서도 거미처럼 자족하며 살기보다는 확장의 욕구가 세차게 솟구친다. 이럴 때 우리가 원하던 일이든 원치 않는 일이든, 내 영역에 놓인 일들을 불만이나 원망 없이 모조리 마무리한다면 "거미줄도 모으면 사자를 묶는다"라는 토인들의 속담처럼 사자를 잡을 만큼 강하고 유능한 인재가 될 것이다.

사람들은 거미의 피부색과 거미줄의 혐오감으로 거미의 독특한 진취적 개성을 놓칠 때가 있다. 지혜로운 거미는 늦은 저녁 목좋은 자리에 종횡으로 줄을 나뭇가지에 얼기설기 걸쳐 큰 테두리를 만든 후 바깥쪽부터 촘촘히 채워 그물을 완성하고 중앙의 아래쪽으로 몸을 숨긴다.

동편 하늘로부터 붉고 강한 햇살이 빗질하듯 쓸어내리는 이른 아침 팔각이 팽팽하게 균형 잡힌 거미줄에 이슬방울이 보석처럼 매달려 반짝이면 그 아름다움은 말로 다 형용하기 힘들다.

중요한 것은 인생의 겨울이 다가올수록, 삶의 각이 바른 긍정의 그물을 치고, 넓지 않은 영역의 여건 속이지만, 거미처럼 최선을 다해, 맡겨진 일은 명백하게 마쳐야 할 것이다. 그리고 이 세상을 사는 동안에는 목 좋은 곳에 거미줄을 쳤으면 사후에는 보석 영롱한 이슬 맺힌 거미줄 같은 믿음의 줄을 타고 하늘 본향으로 올라가는 데 소망을 두고 살아야 하겠다.

핑퐁 핑퐁

이글이글 뜨겁게 내리쬐는 태양을 피해, 냉방시설이 완벽한 실내에서 지체 높은 사대부들처럼 즐길 수 있는 스포츠를 찾는다면 탁구만 한 것이 없을 것이다.

햇암탉이 처음 낳은 알보다 작은 2.7그램의 흰 공을 서로 주거니 받거니 할 때마다 들려오는 '핑퐁핑퐁' 소리. 이 운동은 백여 년 전 YMCA를 통해 우리 땅에 전해졌고, 이제는 우리도 세계적인 탁구 강국으로서의 명성을 떨치고 있다.

초록빛의 직사각형 테이블 중앙에 낮게 그물을 치고 날아오는 흰 공을 라켓으로 받아치며, 순간순간 변하는 회전과 스피드를 실어 상대의 코트에 떨어뜨리는 이 게임은 남녀노소 누구나 즐길 수 있는 레저 스포츠인 동시에 정교한 기술과 체력이 필요한 경기다.

우리 교회 문화사역원에서는 성도들의 건강증진과 친목 도모를 위해 탁구 교실을 열어 나이와 성별에 관계없이 지도한다. 나도 시니어 반에 등록해 훈련을 받기 시작했다. 머리가 희끗희끗한 시니어들은 젊은 코치들이 던져주는 빠른 공을 따라 쉴 새 없이 뛰어다니며, 세상 잡념과 스트레스를 날려버리고 건강을 되찾고 있다.

지난 토요일에는 전 교인의 탁구대회가 열렸다. 간소한 개회식 후 단식과 복식경기로 체육관을 뜨겁게 달구었다. 시니어들도 대거 출정했고 나는 일본인 탁구 고수 아끼라 노인과 짝이 되어 복식 리그 경기를 위해 추첨을 했다.

아뿔싸! 축구로 비유한다면 우리는 죽음의 조에 엮여 브라질, 독일, 스페인 같은 강호들과 겨루게 되었다. 아끼라 영감과 나는 최선을 다했지만, 이길 듯 비길 듯하면서도 결국 다른 팀들의 16강 진출을 위한 희생과 봉사의 제물이 되고 말았다.

여러 차례의 진땀 나는 리그전을 통해 탁구의 묘미와 패자의 쓴맛을 체험했다. 아직도 탁구 연륜이 길지 않은 내가 상대의 공격을 후련하게 되갚으려는 욕심을 부릴 때마다 실점으로 이어지며 결국 자멸했다.

실제로 게임에 이기게 만들어 주는 것은 맵시 있는 강타를 몇 번 성공시키느냐가 아니라, 부드럽게 되돌려 치면서도 정확하게 상대의 빈 공간을 찾아 공략하는 연타였다. 네트로 양분된 초록 탁구대에서 상대 선수들과 마주할 때마다, 묘하게도 판문점에서 남북의 대표들이 난제를 서로 떠넘기려는 침 마르는 외교 대결이 떠올랐다.

앞으로 남측 대표를 선정할 때는 무엇보다도 탁구의 철학이 깊은 인사들을 내보내, 모든 면에서 부드러운 연타로 성급한 강타쟁이를 제압했으면 하는 마음이다.

관중석에서 춤을 추며 열렬히 응원하던 어린 손녀들과 할머니 앞에서 패자가 되어 멋쩍어하는 나에게 코치는 다시 한번 조언해 주었다. 탁구의 우승은 엄청난 훈련과 실전의 결과이지, 짧은 시일에 얻어지는 것이 아니라고.

자동차 운전도 초보 때에는 미숙하지만 시간이 지나면서 자연스럽게 익히게 되는 것처럼, 탁구도 끊임없는 반복 훈련을 통해 실력을 키워야 한다고 했다. 그러니 쉬지 말고 오늘도 내일도 탁구에 매진하자고 했다.

혹독한 훈련을 통해 뛰어난 운동선수가 탄생하듯, 꾸준하게 성경을 바탕으로 체험하고 실천하면서 경건한 생활을 하다 보면, 우리의 신앙생활 역시 성장하고 이 땅에서도 하늘나라를 맛보며 살게 될 것이다.

뒷동산의 할미꽃, 가시 돋은 할미꽃

어린 시절 음악 시간에 할미꽃을 합창한 후, 선생님은 우리에게 "흰머리 노인네들"에 대해 떠오르는 생각들을 한 사람씩 말하라고 하셨다. 우리는 주름진 얼굴, 냄새난다, 불쌍하다, 굽은 등, 흰머리, 이빨이 없다는 둥 솔직한 생각들을 쏟아 냈다.

그때 나는 절대로 쭈그렁 노인네는 안 될 줄 알았다. 그러나 지금 나는 머리가 벗겨지고 자연치보다 훨씬 많은 임플란트, 그리고 다초점 안경에 혈압약을 비롯한 깜찍하고 알록달록한 캡슐의 여러 가지 약들의 보살핌으로 하루하루를 건강하게 살아가고 있다.

코로나 전, 우리 교회에서는 노인들을 샌프란시스코 관광을 보내주었다. 나는 손주가 여덟이나 되는 할아버지였지만, 그들 중에서도 젊은 축에 속해 여행 일정 내내 나이 지긋한 형님들과 누님들의 심부름으로 바쁘게 뛰었다.

고국의 여러 변혁을 모두 겪으며 십구공의 시커먼 연탄불로

식생활을 하시던 분들이, 낯선 타국으로 이민을 결심하고 발을 내디뎠다. 그들은 낯선 얼굴과 언어에 눈물을 삼키며 자녀들을 훌륭히 키워낸, 위대한 인간 승리의 영웅들이었다.

고단한 삶을 운명으로 삼고 살아온 영감님들은 한평생 내조한 아내의 은혜에 감사하며 덤으로 살아가는 삶이었다. 할머니들은 출발할 때부터 소녀처럼 깔깔 웃으며 '내 나이가 어때서'를 합창했지만, 한세대의 석양이 되어 다음 세대의 새벽을 준비하고 있었다.

태평양 연안을 따라 달리며, 간간이 보이는 금빛 모래사장의 아름다운 해변에는 게딱지 같은 집들이 박혀있었고, 가이드는 그곳이 부자들의 별장 동네라고 침을 튀겼다. 그러나 그 풍경은 어쩐지 내가 피란 시절을 보내던 북제주군 해변의 달동네 풍경과 색깔과 냄새까지도 비슷해 나도 어린 시절을 상당히 부자촌에서 자란 것 같아 자부심이 느껴졌다. 또 내륙의 도로변에 끝없이 펼쳐진 목장과 농장들 그리고 귀한 물을 끌어다 일궈놓은 채소밭과 포도원을 보며, 아무리 흉년이 들어도 밥을 굶을 염려 없는 캘리포니아에서 살게 된 것이 하늘의 은혜라는 생각이 들었다.

레드우드 공원에 침엽수들은 키가 너무 높아 꼭대기를 가늠할 수 없었다. 안개 속에 간혹 비치는 파란 하늘은 바람 소리도 새소리도 들리지 않는 정적을 이루어 마치 시간의 흐름이 멈춘 듯했다.

하늘을 찌를 듯 솟아오른 원시림 속에서 동화의 한 장면처럼 미니 기관차는 검은 연기와 흰색 증기를 뿜으며 요란한 경적을 울렸다. 고작 객차 몇 개를 이끌고 힘겹게 칙칙폭폭 소리를 낼 때는 전쟁통에 피난 열차를 타던 기억을 떠올리게 했다.

"샌프란시스코에 가거들랑 머리에 꽃을 꽂는 것을 잊지 마세요"라는 가요가 입가에서 맴돌며, 노인들로 가득 찬 관광버스는 샌프란시스코 시내로 들어섰다. 오래된 도시답게 독특한 건축 양식의 건물들과 높고 낮은 언덕을 오르내리는 전차들은 낭만이 넘쳤다. 이 여행에서 예술의 전당을 둘러보며 영적인 교훈을 얻었다.

1906년 4월 18일, 잠자던 새벽 5시, 규모 8.25의 지진이 겨우 40여 초 동안 도시를 흔들었지만, 수천의 생명과 도시 대부분을 잿더미로 만들었다. 이 재앙을 잊지 않기 위해 고대의 건축 양식인 코린트식 거대한 돌기둥 네 개를 세우고, 그 위에 대형 석관을 안치했으며, 관 모서리마다 여인들이 부여잡고 통곡하는 조각상을 보며 가슴이 먹먹해졌다.

하늘은 아담과 이브로 가정을 이루도록 허락하셨다. 그러나 요즘 들어 샌프란시스코에서 급격히 증가하는 성도덕의 문란과 동성애는 하늘의 벌을 다시 한번 받을까 두려워진다.

우리는 노년의 삶을 다시 한번 겸허히 돌아볼 필요가 있다. 말년을 위한 비축과 건강도 필요하지만, 그보다 더 중요한 것은 마음가짐이다. 왜냐하면 이 땅의 모든 길이 로마로 통하듯, 성도들이 걷는 모든 길은 결국 하늘나라로 향하기 때문이다. 비록 나이를 먹어 우리의 겉모습은 볼품없어질지라도, 속사람은 인격적으로나 영적으로 더 아름다워져야 한다.

   노년에 하늘의 사랑 받고 자녀들과 이웃에 존경받으며, 자신도 만족스러운 삶을 살 수 있다면 그것이야말로 진정한 행복일 것이다.

인간 속의 터마이트

어린 시절, 가끔 장터에서나 볼 수 있었던 서커스단의 붉고 푸른 줄무늬의 원뿔형 텐트가 우리 마을을 순회하며 이삼일씩 주택을 덮어씌워 흰개미류의 터마이트를 박멸한다. 몸에 비해 날개가 큰 터마이트를 암적 존재라고 비난하는 이유는 나무 골조로 지어진 집의 겉은 깔끔하게 유지하면서 나무속을 파먹기 때문이다. 대들보나 기둥 혹은 나무 담장에 파고들어 겉은 멀쩡해 보이지만, 손가락으로 푹 찔러보면 와플과자 부서지듯 쉽게 구멍이 난다.

이 세상에서 집단을 이뤄 맹렬히 살고 있는 개미와 벌의 특징들을 모두 빼다 박고 그 위에 놀랍도록 조직적인 체제를 갖춘 터마이트는 무서운 해충이다.

남들보다 몸집이 열 배나 크고 우람한 여왕은 높은 단상에 올라 백성들 앞에서 입에 거품을 물고 피맺힌 연설을 시작했다.

친애하는 터마이트 동포 여러분!

드디어 우리는 오늘, 삼백 년 묵은 미루나무에 입성했습니다. 이 순간부터 밤낮을 가리지 말고 이른 시일 안으로 이 나무를 파먹고 쓰러트려 우리의 원대한 목표를 달성합시다.

여왕을 경호하는 수많은 경호원, 적들의 침입을 막아 싸워야 할 중무장한 전사들 그리고 개미보다 백배나 더 날카로운 이빨과 강한 턱으로 나무를 갉아 먹는 수십만 일꾼들의 거대한 집단 사회는 일사불란하게 움직이기 시작했다.

불과 몇 해 후, 칠흑같이 어두운 밤이었다. 번개와 천둥 그리고 장대 같은 빗줄기를 동반한 폭풍이 몰아칠 때 터마이트에 파먹혀 속이 온통 빈 고목은, 쿵 소리와 함께 힘없이 꼬꾸라지며 갑자기 생겨난 계곡물 속으로 잠겨 들기 시작했다. 여왕과 그를 따르던 수십만의 터마이트 백성들은 목표를 달성했다는 감격보다는 갑자기 처한 죽을 처지에 발을 동동 굴렀다.

여왕의 연설처럼, 우리는 종종 목표에 집중하고, 그 목표를 달성하기 위해 단합해야 한다. 그러나 우리가 지나치게 형편과 처지를 해치는 것들에 열을 올려, 사랑과 이해를 잊어버린다면 터마이트는 우리 내면에서 생육하고 번성하여 우리의 삶을 껍데기만 남게 한다.

우리 주변에는 겉보기 멀쩡한 사람들이지만 가족을 사랑하지 않거나 음주, 도박, 마약, 음란 또는 분노나 강박증 등으로 가족과 이웃에 해를 끼치는 사람들이 더러 있다. 이는 마치 순진한 인간의 내면에 터마이트가 둥지를 틀고 심령을 갉아먹고 있다고도 볼 수 있다.

요즘 우리 사회에도 종종 터마이트와 유사한 모습의 인물이나 조직이나 단체가 나타나 가짜뉴스 조작과 속임수를 이용하여 사회의 구조를 교란하는 일을 자주 보게 된다. 정직하고 투명한 관계보다는 자신들의 이익만을 좇아 구하기에 신뢰는 퇴색하고 협동과 공동체 의식은 무시당하기 일쑤다. 사회의 균형을 뒤흔드는 이들이 점차 국가의 가치관까지도 갉아 먹을까 걱정스럽다. 기독교인이라 불리는 사람들도 내면의 믿음이 실제 행동으로 옮겨지지 않는다면 나무의 겉은 멀쩡하지만, 터마이트가 내부를 텅 비게 만든 것처럼 공허한 종교 생활만이 남을 것이다. 예배에 참석하고 말씀을 들어도 잘못을 진심으로 뉘우치지 않는다면, 내면에서 터마이트는 여전히 날뛰기 때문이다.

주님의 은혜와 십자가의 보혈은 마치 나무의 골조를 강화하는 것과 같다. 이는 내면의 터마이트를 박멸하고 깨끗한 상태로 만들어 주는 힘이다. 그리고 사랑과 이해를 바탕으로 하는 성장과 변화를 통해 우리는 서로를 더 잘 이해하여 터마이트와 같은 부정적인 행동들을 극복할 수 있다. 우리의 심령이 주님의 은혜를 받으면 터마이트를 이겨내고, 성장하는 여정을 통해 더 나은 가정과 사회와 세상을 만들어 나갈 수 있을 것이다.

비밀의 정원 (Secret Garden)

한 걸음 떨어진 외진 곳에는 현실과는 다른 세계가 숨겨져 있다. 개구쟁이 손주들이 별명을 붙인 'Secret Garden'은 가끔 우리 집 대가족이 모이는 날이면 여덟 손주가 앞장서서 'Los Coyotes' 골프장 울타리를 따라 걷는 외진 올레길이다.

'비밀의 정원'에 들어서면 마음의 문이 서서히 열린다. 그리고 그곳에서만 느낄 수 있는 아름다움과 평안함에 휩싸이게 된다. 풀과 나무와 꽃들은 하나 되어 주님의 솜씨를 찬미하며 자신들의 언어로 노래하듯 우리 마음에 다가온다.

골프장과 주택지 사이의 옅은 골짜기를 두고 둔덕과 공간을 채운 단풍나무, 떡갈나무, 유두화, 살구나무, 야자수 사이의 오솔길을 걷노라면 우리 삶에서 서로 키를 견주는 일이 무의미해진다.

아무리 크고 우람한 나무라도 혼자서는 숲이 될 수 없고 작고 볼품없는 나무라도 나무와 나무가 모이면 서로 기대어 한낮 더

위와 어둔 밤의 추위를 잘 견디며 숲을 이룬다. 또 나무들의 흔들림에 귀를 기울이면 우리가 주고받는 일상의 언어들이 얼마나 부질없는가도 일깨우게 된다.

주변의 들풀 중에는 털이 보르르 난 것도, 작은 꽃을 피운 것도, 잎이 손바닥만 한 것도, 잎에 톱니가 있는 것도, 반질거리는 것도, 단추만 한 것도, 서로 어울려 땅을 덮고 생기가 넘치는 아름다운 초록 동산을 이룬다.

한가로이 날아다니는 노랑나비, 꽃송이 위에 꼼짝하지 않고 날아 떠 있는 벌새, 살구 나뭇가지에 올라앉아 잘 익은 열매를 두 앞발로 돌려가며 갉아먹는 청솔모, 숲속을 이리저리 바삐 뛰어다니는 야생 토끼들까지 누구나 다 맘 편히 살아갈 수 있는 숲이다.

한줄기 봄바람에 재스민꽃 향기 은은히 감도는 'Secret Garden'을 지나노라면 고달픈 몸에 생기가 돌아 요람 속 같은 평화로움에 잠기게 된다. 숲은 언제나 너그럽게 꽃을 피우고 들새들의 보금자리를 마련하며 아름드리 거목들의 응석을 다 받아주는 인자하고 따뜻한 어머니의 마음이 아닐까?

성도들은 삶의 평안을 위해 기도하지만, 저 숲은 기도와 평안을 몰라도 자연에 순응하여 온전한 평화를 누리고 있다. 우리 마음 안에도 숨겨진 비밀의 정원이 있다. 우리가 언제든 그 문을 열면 그 아름다움을 발견할 수 있다. 마음을 여는 순간, 비밀의 정원은 우리에게 찬란한 꿈과 소망을 선사할 것이다. 거기에서 얻은 행복과 평화를 지키기 위해서는 그곳에 대한 숨겨진 질서를 이해하고 존중해야 한다. 그리고 주의해야 할 점도 있다. 이 정원은 우리가 귀히 여기고 감사하는 마음으로만 접근해야 한다. 그런데 가끔 이 아름다운 초록 세상을 파괴하는 일들이 일어난다. 누군가가 이 자락의 풀들을 파헤쳐 시커먼 모래흙이 드러나게도 하고 어떤 날엔 집 주변에서 뽑아낸 듯한 잡초들을 어느 구석에 쌓아놓기도 한다.

꽃밭과 잔디밭에서 잡풀을 뽑아내다 보면 잡풀은 아름답지 않다고 생각될 때가 있다. 이는 잡풀이 아름답지 않은 것이 아니라 제자리에 있지 않아서 그렇지, 제자리에 있는 잡풀들은 아름답다.

사람들이 추하게 되는 것은 부모가 부모의 자리를 지키지 않아서이고 자녀가 자녀의 자리에 있지 않아서이다.

하나님께서 인간을 지으셨으나 인간은 하나님을 아버지로 섬기지 않고 제자리를 떠난 것이다. 인간들이 하나님의 자녀라는 제자리를 찾을 때 세상은 아름다워질 것이다.

남을 죽이기 위해서가 아니라 남을 살리기 위해 자기 목숨까지 버린 주님은 "칼을 쓰는 자는 칼로 망한다."라고 말씀하셨지만, 종교의 잘못된 신앙을 가지고 자기 목숨까지 버리며 폭력이나 분쟁을 유발하는 맹신자들이 계속 일어나는 세상이다.

하나님의 창조 속에는 우리가 알지 못했던 아름다움이 있다. 이 시대 우리에게 허락하신 비밀은 그리스도라 하셨으니, 주님을 아는 일에 더욱 힘써야 하겠다.

  대자연을 바라보면서 더불어 사는 아름다움을 위해 가정, 일터, 사회에서 자기의 자리를 찾는 데 최선의 노력을 기울이자.

인감도장

잦은 봄비로 싸늘해진 날씨에 적당한 스웨터를 찾아 옷상자들을 뒤지다가 고국을 떠날 때부터 따라온 조그마한 손가방이 나타났다. 무심코 열었더니 잡동사니들 틈에 쪼끄만 검은색 우단 자루 속에서 나의 인감도장이 삐죽 머리를 내밀었다. 반세기 동안 헤어졌던 친구를 길에서 우연히 만난 듯 놀라움과 반가움이 교차하였다. 서양 땅에서는 도장을 대신하여 '서명'이나 '사인'으로 대체되기에 앞으로 단 한 번도 사용해 볼 기회가 없을 인감도장에 대한 애련과 연민이 마음에 서린다.

내 이름 석 자가 새겨진 첫 번째 목도장은 중학교 입학원서를 제출하기 위하여 아현동 고갯마루 콧구멍만 한 도장포에서 만들어졌다. 철없어 그 작은 도장이 갖고 있는 의미를 모를 때는 이름을 세상에 알린다는 자랑스러움에 찍을 수 있는 모든 책과 공간에 온통 붉은 인주로 물들였던 생각이 떠오른다. 그 후 군에 입대하여 이등병 시절 화랑담배 몇 갑 분의 월급을 매달 받기 위해 군

부대 맞은편 네거리 잡화점에서 목도장을 급히 새겼다. 이군 제대 후에는 취직을 위한 서류 준비로 행운이 따른다는 둥근 꼴 한문 해서체의 이름과 붉은 인주 모자까지 푹 눌러쓴 담청색 뿔도장을 아버님이 마련해 주셨다.

이 도장이 나의 취직과 혼인신고에 꾹 눌렸고, 그 후 세 아이의 출생신고와 잠실 주공아파트를 당첨시켜 주었으며, 화곡동 번듯한 이층집이 내 것임을 증명해 주던 인감이 되어 무거운 책임과 의무를 잘 감당해 주었다. 법적 구속력이 있는 모든 계약에 인감 한 번 찍으면 효력을 발휘하며, 나의 정체성과 업적을 상징했다.

뉴욕 경매장에서 당나라 때, 어느 갑부의 상아 도장이 백만 달러에 경매되었다는 흥미로운 가십거리 기사를 읽은 적이 있다. 한자로 새겨진 그 인감도장에는 주인의 신분, 성격, 가문의 유래까지 다양한 정보를 포함하고 있어 역사적인 중요성과 예술적 가치를 지니고 있었다고 했다. 나는 나의 인감도장을 매만지며 뜻깊은 모놀로그를 시작했다.

네가 차라리 이름이 안 새겨진 뿔도장이라면 몇 푼의 값어치는 될 법한데 내 이름 석 자가 새겨졌기에 나를 따라 지구 뒤편 남미 땅을 넓게 한 바퀴 돌고 북미 땅까지 따라와 이름 모를 잡초 같은 노인의 손가방 속에서 긴 잠을 자게 되어 너무도 속상해함이 내 눈에 보이는구나.

인감도장은 단순한 서류 처리의 도구를 넘어서 나의 정체성과 연결된 상징이며, 과거와 현재가 어우러진 소중한 연결고리 일지도 모른다. 그 작은 도장을 통해 내가 지닌 가치와 삶이 연결된 것을 느끼게 되었다. 도장은 작지만, 운명과 나 자신이 일치되는 운명체인 느낌을 받으며, 일생이 덧없이 흘러감을 깨닫게 했다.

나는 그 작은 도장을 통해 미래의 소망도 이어져갈 소중한 책임을 지니고 있다는 것을 인식하며 도장은 작지만, 도장이 은퇴한 노인과 같은 운명체로 느껴진다면, 그것은 삶의 다음 단계를 위한 준비할 때가 되었음을 의미할 수도 있다.

하늘에 계시는 그분께서는 인감도장 찍는 것을 무척 즐겨하시나 보다. 처처에 기근과 지진이 일어나고 세상이 차츰 흉흉하여지기 시작하면 그분께서는 자기가 사랑하는 자녀들의 이마에 인(도장)을 치시고 영원한 하늘나라로 이끌어 주시겠다고 성서에 분명히 약속해 주셨다.

한세상, 나의 인감으로 살아왔으면 이제는 나의 이마에 주님의 참 제자임을 확인하는 하늘의 인(도장)침 받는 소망과 신념을 확인하고, 마음과 몸을 경건하게 다스려야겠다는 생각이 든다.

인감도장은 단순한 도구가 아니다. 그것은 내 삶의 여정을 담고 있는 소중한 기억이자, 미래에 대한 희망과 약속의 상징이다.

어둠 속의 현대 서사

요즘, 세상 돌아가는 풍경을 바라보면, 이곳이 인간들 살아가기에 걸맞은 곳인지 의문이 든다. 불법과 잔인함이 엮여 갈피를 잡을 수 없는 혼돈의 파도가 휩쓸기 때문이다. 영도자들은 욕망에 눈이 멀어 국민을 보호하는 대상이 아니라 이용의 대상으로 삼아 러시아의 우크라이나 침공, 하마스의 갑작스러운 이스라엘 공격과 같은 사태를 일으키고 있다. 동시에 고국에서는 보수와 진보의 적대감이 고조되며, 기독 교단들조차도 성서를 거스르며 동성결혼을 수용하는 등의 논쟁이 끊이지 않고 있다. 이러한 현실에서 우리는 마음 깊숙이 자리 잡은 정직하고 용감한 서부영화의 영웅들이 그리워진다.

서부 개척 시대, 법과 윤리를 수호하며 용기와 인내로 악당들과 맞서 싸워 법과 질서 그리고 정의를 지켜간 주인공들은 오랫동안 지구촌의 도덕 교과서였다.

말들 달리는 소리, 포장마차의 향기, 느린 기차의 흔들림, 작은 주점과 별빛 아래의 거리, 우둔한 보안관의 모습은 어려운 여정을 함께한 상징이었다.

결전의 순간, 먼지 속에서 용기 있는 주인공이 악당에 맞서는 모습은 누구에게나 감동을 전하곤 했다. 둘의 총이 번쩍이고, 순간의 차이로 주인공이 먼저 손을 움켜잡아 방아쇠를 당겨 악당은 통나무처럼 쓰러진다.

깔끔하고 감각적인 액션으로 악당을 물리친 후, 권총을 빙글빙글 돌려 총집에 꽂은 뒤 흙먼지를 일으키며 석양을 등지고 새로운 사명을 찾아 사라져 가는 주인공은 미국이 권선징악의 코드로 자부했던 추억이다. 그러나 현실은 서부영화처럼 단순하지 않다. 우리의 삶은 혼란스럽고 위험한 여정의 길이다. 이 시대에서도 정의로운 총잡이가 짠하게 등장하여 득시글거리는 저 황야의 무법자들을 좀 처단해 줬으면 좋으련만.

법과 윤리가 흔들리고 있는 세상에서, 우리는 내면에서 느끼는 삶의 방향과 목표가 무엇인지는 알고 있기에 우리는 힘겹게 이 여정을 이끌고 앞으로 나아가야 한다.

고국의 소식을 접하다 보면, 우리 사회의 인재 중에는 불의한 탐심으로 재테크를 했다가 고위직에 낙점되지 못하고 무너져 버리는 사람들도 많다. 심지어 종교계마저 명성을 떨쳤던 지도자들이 사랑과 영력을 잃어가며 신자들로부터도 신뢰를 잃고 있다. 이는 걱정스러운 현실이다.

우리는 이 땅에 살면서 항상 이익과 손해 그리고 칭찬과 비난을 자기 생각대로 따져가며 살아간다. 그러나 실제로는 계산했던 작은 이익이 돌이킬 수 없는 큰 손해로 돌아오기도 하고, 잠깐의 즐거움이 긴 형벌이 되기도 한다. 과한 욕심이 서로를 위협으로 만드는 위험한 세상에서는 원칙과 상식만이 희망이다.

 과일나무는 벌과 나비에게 꿀과 꽃가루를 줌으로 열매를 맺게 되듯이, 엄마는 아기에게 젖을 먹임으로써 모두가 건강해지며, 주님은 죄인들에게 물과 피를 흘려주심으로써 영원한 구세주가 되셨다. 우리가 이웃들로부터 얻으려고만 애쓰지 말고 나누며 베푸는 일에 참여한다면 우리는 세상의 빛과 소금이 될 수 있을 것이다.

 이제, 과한 욕심은 내려놓아야 한다. 이는 땅을 향한 하늘의 부탁이다.